約款の基本と実践

弁護士法人 大江橋法律事務所
嶋寺　基・細川慈子・小林直弥　著

商事法務

はしがき

いまや「約款」は、われわれの日常生活や企業活動に欠かせないものとなっています。電車やバスなどの公共交通機関、電気やガスなどの生活インフラはもちろん、ネットショッピング、クレジットカード、電子マネー、スマホ決済などの日常的な取引でも、保険、運送、請負工事、旅行業などのビジネスの世界でも、約款は広く利用されています。

ところが、これまで約款の基本的な仕組みを体系的にまとめた書籍はなく、約款を新たに作成したり修正したりする際に参照できる情報が極めて限られていました。そのため、実際に約款を使ってビジネスを行っている企業でも、標準約款と呼ばれる共通のフォームがない分野では、他社が使っている約款を参考にして、手探りで約款の条項を作成しているのが実態であったように思われます。

また、企業が用意した約款で取引を行う顧客の立場としても、いざその取引でトラブルが起こったときに、その約款がどこまで有効なのか、企業の責任を免除する条項があれば一切請求できないのかなど、素朴な疑問に答える十分な情報を得ることができず、泣き寝入りせざるを得ないケースも多く存在していました。

これほど世の中にあふれている「約款」について、体系的に整理された書籍がないのは、約款を使用してビジネスを行う企業にとっても、その企業と取引をする顧客にとっても、決して好ましい状況とはいえません。そこで、複数の法律に分かれて存在する約款のルールや、長い間蓄積されてきた約款の条項をめぐる数多くの判例、さらには多くの企業で実際に使われている約款の規定例など、約款に関するさまざまな情報を1冊の本にまとめ、それを約款取引に関わるすべて

の方に活用していただきたい、そのようなコンセプトで本書の執筆を始めました。

　折しも、民法が120年ぶりに改正され、来年の4月1日から施行されますが、その"目玉"の1つが「定型約款」のルールの新設です。そこでは、約款を契約内容とするための手続や、約款の有効性を確保するための運用ルールが定められており、今後、企業が約款を適切に運用していくうえで極めて重要なものですが、これによって約款の問題がすべて解決するわけではありません。そのため、本書では、改正民法における「定型約款」についても詳しく解説していますが、同時に、民法以外の法律についても広く取り上げており、この1冊で約款を取り巻く問題を幅広く知っていただけるように工夫しています。

　本書は、大きく2部構成となっており、第1部は【基本編】として、約款の機能や企業活動におけるリスク、約款をめぐるさまざまな法規制を取り上げています。そこでは、【実践編】に入る前に、約款の特徴を正しく理解し、約款の有効性を判断するうえでどのような法律が問題となるか、実際に裁判になった事例はどのようなものかを前提知識として得られるようにしています。

　第2部は【実践編】として、まずは、企業が約款を作成したり修正したりする際の留意点を幅広く取り上げています。その中では、実際に世の中で使われている数多くの規定例を挙げて、その意義や問題点を解説しています。次に、改正民法における「定型約款」のルールを運用する際の留意点を取り上げ、あわせて今般の民法改正が約款取引に与える影響についても言及しています。最後に、応用的な問題として、約款に関するトラブル対応や約款解釈の手法についても解説しており、この1冊で、約款の"入口"から"出口"までを網羅的に理解していただける構成にしています。

　本書を通じて、多くの方に約款の基本的な仕組みと法規制の内容を

理解していただき、法的な有効性はもちろん、実務上のトラブルが起きにくい約款が世の中に広まっていくことを期待するとともに、本書によって約款を使用したビジネスがますます発展していく一助となれば幸いです。

　最後に、本書の執筆にあたっては、弁護士法人大江橋法律事務所のメンバーである澤井俊之弁護士、上原拓也弁護士に企画の段階から参加していただき、多大な協力を得ることができました。また、本書の刊行にあたっては、株式会社商事法務の飯泉拓野氏、吉野祥子氏にご尽力をいただきました。この場を借りて御礼を申し上げます。

令和元年12月吉日

執筆者を代表して

嶋寺　基

<h1 style="text-align: center">●凡　例●</h1>

1　文献の略記

一問一答	筒井健夫＝村松秀樹編著『一問一答民法（債権関係）改正』（商事法務、2018）
コンメンタール	日本弁護士連合会消費者問題対策委員会編『コンメンタール消費者契約法〔第2版増補版〕』（商事法務、2015）
逐条解説	消費者庁消費者制度課編『逐条解説消費者契約法〔第4版〕』（商事法務、2019）
Q&A	村松秀樹＝松尾博憲『定款約款の実務Q&A』（商事法務、2018）

2　判例の表示

最判平成18・11・27民集60巻9号3437頁
　　　　　→　　　　最高裁判所平成18年11月27日判決，最高裁判所民事判例集60巻9号3437頁

3　法令の略記

改正民法	→	民法の一部を改正する法律（平成29年法律第44号）による改正後の民法（明治29年法律第89号）
改正前民法	→	民法の一部を改正する法律による改正前の民法
改正民法附則	→	民法の一部を改正する法律附則

4　判例集の略記

集民	→	最高裁判所裁判集民事
判時	→	判例時報
判タ	→	判例タイムズ
民録	→	大審院民事判決録
民集	→	最高裁判所（大審院）民事判例集

目　　次

第3章　約款をめぐる法規制

第4章　約款の作成・修正の留意点

第5章　約款の各条項の意義とドラフティングの留意点

第6章　民法を踏まえた約款運用のポイント

第7章　その他の民法改正が約款に与える影響と その対応

第8章　約款に関わるトラブル対応と約款の変更

第9章　約款の解釈手法

基　本　編

約款の意義と機能

第1章

　現代社会において、約款はさまざまな取引で使用されており、いまやわれわれの生活にとって欠かせない存在になっています。例えば、鉄道やバスを利用する際には、旅客運送約款という名称の約款が適用されますし、日常的に使用しているスマートフォンの契約には、電気通信利用規約という名称の約款が適用されています。このように、名称はさまざまですが、われわれはとくに意識することなく、毎日のように多数の約款と関わって生活しています。

　ところが、このように身近な約款について、これまで民法には約款を適用する際のルールが定められておらず、民法以外の法律でも、「なぜ中身を知らなくても勝手に約款が適用されるのか」、「なぜ契約書と違って約款には署名や押印をしなくてもよいのか」など、一般人の素朴な疑問に答えるルールはありませんでした。つまり、これまで長い間、約款は、明確な法律のルールがないまま、慣習的に広く世の中で使用されてきたものといえます。実際の裁判でも、約款の内容が当事者に適用されることを当然の前提として、数多くの判例が存在しています。

　しかし、約款には通常の契約書とは異なる特徴があり、海外の多くの国では、約款の特徴を踏まえた特別な法規制が定められています。これまで大きな問題がなかったとはいえ、ここまで深くわれわれの生活に浸透している約款について、わが国に明確な法律のルールがなかったことは極めて異例であり、当事者間の法律関係が不安定な状態

にあったといえます。

　2017年の民法改正、いわゆる債権法改正においては、改正の1つの"目玉"として、新たに約款に関するルールが定められました。ただし、約款を正しく理解するためには、新しい民法のルールを知るだけでは足りず、一般的な契約書とは異なる約款の特徴を知り、その特徴を踏まえて過去の判例で蓄積されてきた約款の解釈手法についても理解しておくことが重要です。

　そこで、**基本編**として、本章では、新しい民法の解説を行う前に、一般的な約款の特徴とその機能を整理するとともに、実際に民法改正の議論の中で、どのような点が検討されてきたか、そこでは約款について何が問題とされたのかを紹介します。これを踏まえて、**第2章**と**第3章**において、約款をめぐる企業の対応と法的な論点について解説します。

1　約款とは

　われわれの生活に深く浸透している約款ですが、約款についての明確な定義はありません。民法改正により「定型約款」という新しい概念が創設され、新しい民法には「定型約款」の定義（**第3章3(2)**）が設けられましたが、これはいわゆる約款の一部の類型を定義付けたものにすぎず、世の中にあるすべての約款に共通する定義ではありません。

　一般的な説明として、約款の定義として広く使われているのは、「多数の契約に用いるためにあらかじめ定式化された契約条項の総体」というものです。ここでのポイントは、①多数の契約の存在と、②あらかじめ定式化された契約条項という点です。

　まず、約款を使用した取引の特徴は、一対一の取引ではなく、同種の取引が多数の当事者との間で行われることが想定されている点です

（前記①）。一対一の取引であれば、その取引に適用される契約の内容は、個別に両当事者間で協議をし、合意によって定めれば足ります。これに対し、一方の当事者が多数の場合には、個別に協議をして契約内容を定めることは煩雑であり、また、個々の当事者によって契約内容が異なると、それを管理するのが非効率であるだけでなく、当事者間で不公平が生じてしまうという問題もあります。

　このような多数の当事者との取引では、その取引に適用される契約の内容は定型的であることが望ましいといえます（前記②）。そして、同一の契約内容をすべての当事者に対して統一的に適用するためには、あらかじめその取引に適用される契約条項を用意しておき、個々の当事者との協議を行うことなく、その契約条項を一律に適用する必要があります。

　したがって、「多数の契約に用いるためにあらかじめ定式化された契約条項の総体」という一般的な約款の定義は、約款を使用した取引の特徴を反映したものといえます。

2　約款の例

　約款には、先に述べた旅客運送約款や電気通信利用規約以外にも、さまざまな種類のものがあります。一例を挙げると、以下の通りです。

電気・ガス供給約款	電気やガスの継続的な供給契約について定めたもの
銀行預金規定	普通預金や当座預金等の契約について定めたもの
保険約款	保険契約について定めたもの（保険金の支払事由、免責条件等を規定）

ネットショッピング規約	インターネットを用いた電子商取引について定めたもの
SNS 利用規約	Twitter や Facebook 等の SNS の利用条件について定めたもの
ソフトウェア利用規約	ソフトウェアのライセンス条件等について定めたもの
クレジットカード会員規約	クレジットカードによる取引の決済条件等について定めたもの

　これらの例からも明らかなように、約款の名称はさまざまであり、必ずしも「約款」という文言が入っていなくても、いわゆる約款として機能するものであれば、すべて約款の性質をもつものとして同様に扱われます。そのため、先の一般的な約款の定義においても、名称については一切言及されておらず、その実質から判断することとされています。

3　約款の機能

　約款を使用して多数の当事者と取引をする事業者の立場からすれば、多数の契約の締結や管理に手間がかかることから、すべての契約の内容を一律にしたいというニーズがあることは理解できます。他方で、その事業者と取引を行う相手方（顧客）の立場からみた場合に、約款で契約内容を定めることのメリットはどこにあるのでしょうか。もし仮に、顧客側に一切のメリットがないのであれば、ここまで約款が広く世の中に浸透するはずはなく、むしろ顧客は個別に事業者と契約条件について交渉を行うのが自然でしょう。

　一般に約款は、取引の内容が定型化され、かつ、反復継続して行われる取引で使用されることが多く、その典型例が鉄道やバスの利用で

す。顧客にとっては、これらの交通機関を利用する際に、毎回鉄道会社やバス会社との間で契約の内容を確認し、その内容を交渉することになれば、スムーズな交通機関の利用ができず、大きく利便性を損なうことになってしまいます。また、通常、これらの取引の対価は少額であることが多く、その少額の取引における契約内容の交渉に要する手間やコストを考えると、約款により契約内容が定型化され、一律にこれが適用されることは、顧客にとっても時間や費用の節約になり、効率的であるといえます。さらに、もし事業者が顧客との間で個別に契約交渉を行うことになれば、そのコストは顧客が負担する対価に上乗せされる結果となります。つまり、取引全体に要するコストが上がることは、ひいては顧客の負担増につながるという意味でも、約款を使用することで取引を効率的に行うことは、事業者だけでなく、顧客にとってもメリットがあるといえます。

このように、約款が有する機能としては、自ら約款を準備して取引を行う事業者にとってだけでなく、顧客にとっても合理性があるという点に、重要なポイントがあります。そのため、約款を使用することで双方がメリットを享受している以上、事業者側のみに一方的に負担を負わせるのは相当ではなく、双方が合理的なリスク分担をすべきという視点も重要になります。

もっとも、取引の対価に照らして合理性があるかという視点からすれば、高額な取引になればなるほど、顧客にとってもより慎重な判断が必要になるため、約款の内容を一切知らされないまま、その内容に一律に拘束されることが果たして合理的といえるのかという疑問も生じます。そのため、約款の拘束力や個々の条項の有効性、その条項の解釈をめぐっては、対象になる取引の内容や規模、当事者の属性（消費者か事業者か）等の要素も踏まえて、総合的に判断する必要があります。

4　契約書と異なる約款の特徴

　約款も契約の内容を定めるものであるため、契約書の一種であるといえます。しかし、通常の契約書とは異なる特徴があり、これが約款に特有のルールや解釈手法の必要性につながっています。

(1)　約款の隠ぺい効果

　まず、通常の契約書は、当事者間の意思表示が合致していることにより、契約内容としての拘束力が生まれるものであるため、一方の当事者が個別の条項の存在やその内容を理解していなかった場合には、意思表示の合致がないため、仮に契約書に記載があったとしても、法的には、契約内容としての拘束力が認められないことになるのが原則です。

　これに対して、約款の機能には、当事者双方にとっての合理性や効率性があり、双方が合理的なリスク分担をすべきという視点から、仮に個々の顧客が約款の個別の条項を把握していなかったとしても、これによって個別に契約内容が変わることはなく、すべての顧客に対して統一的に約款の内容が適用されるという効果が認められることになります。そして、これが約款を使用した取引における、最も基本的かつ重要な特徴であるといえます。

　このような約款の特徴から生じる問題点として、個々の顧客が約款の内容を十分把握しないまま取引を行い、トラブルが起きてはじめて約款に基づく契約内容を知るという事態になる可能性があります。これを一般に「約款の隠ぺい効果」と呼び、約款を使用する取引において、顧客に不測の不利益が生じうる場面として、従来から問題とされていました。

(2)　付合契約性

　約款を使用する取引においては、当事者間で個別の条項について交

渉を行うことは予定されていません。そのため、顧客にとっては、約款により定型化された契約内容を受け入れて契約をするか、これを受け入れない場合には、そもそも契約をしないという選択しかありません。

このように、契約内容について当事者間に交渉の余地がなく、契約をするかしないかの選択しかない取引を、一般に「付合契約」と呼びます。約款を使用した取引は、付合契約の典型例であり、顧客の選択権が制限されているという点で、顧客は不利な立場に置かれる可能性があります。

したがって、「約款の隠ぺい効果」や「付合契約性」という特徴から、約款を使用した取引については、一定の範囲で顧客の不利益に配慮したルールを設ける必要があるほか、個別の条項の解釈にあたっても、このような特徴を考慮した、約款に特有の解釈手法が必要になります。

このような問題意識から、「当事者が約款に拘束される根拠は何か」、「どのような条項であっても拘束力が認められるのか」、「約款の内容を変更する場合は個別に合意を取得する必要があるか」といった点が、長い間議論されてきました。そして、これらの問題意識が、今回の民法改正の議論につながりました。

⑶　画一的解釈の原則

通常の契約書の解釈にあたっては、契約書の文言解釈を基本としながらも、契約当事者の合理的意思を踏まえて、個々の文言の意味内容を合理的に解釈していくという手法がとられるのが一般的です。そのため、形式的には同じ文言であったとしても、個別の契約や当事者に応じて解釈が異なりうることが前提とされています。

これに対して、約款については、当事者間に交渉の余地がないため、個別の契約当事者の合理的意思をもとに解釈するのではなく、す

べての契約に対して統一的な解釈を行う「画一的解釈の原則」が適用されることになります。これにより、契約ごとに個別に当事者の意思を推測する必要がなくなり、相手によって解釈が異なるという事態を避けることができるため、一律に契約内容を定めるという約款を使用した取引の目的が達成できることになります。同時に、顧客にとっても、他の契約に対する約款の適用結果をもとに、自らの契約に対する約款の適用を予測することができる点で、予見可能性が高まるというメリットがあります。さらには、すべての契約が公平に扱われることで、約款を使用した取引に対する信頼性や安心感が高まるという効果もあります。

　このように、約款については、個別の条項の解釈手法の点でも、通常の契約書とは異なる特徴があります（約款解釈の詳細は**第9章**）。

5　民法（債権法）改正における約款をめぐる議論

(1)　約款の組入れ要件

　これまで民法には、約款を適用する際のルールが定められていなかったため、約款の拘束力、すなわち当事者が個別の条項を認識していなくても約款の内容に拘束される根拠を何に求めるかについて、さまざまな見解が存在しました。

　具体的には、当事者の意思の合致を根拠とする契約説、約款を自主的に定めた法規範と解する法規説、約款に基づく契約であることが商慣習ないし商慣習法であると解する商慣習説等の見解があったほか、それぞれの見解についても論者によって説明の仕方が異なりました。ただ、いずれの見解も、先に述べた約款の特徴を踏まえ、通常の契約書とは異なる形で、約款の拘束力を認めようとするものでした。

　判例においても、古くから約款の拘束力を認めるものがみられ、そこでは、以下のような説明がされていました。

〈最判昭和42・10・24集民88号741頁〉

[事案]

火災保険の約款において、世帯を同じくする家族の故意によって生じた損害を免責とする条項の有効性が問題となった。

[結論]

約款の内容を知らなくても、約款の条項が適用される。

[判決の内容]

「保険契約者が、保険会社の普通保険約款を承認のうえ保険契約を申し込む旨の文言が記載されている保険契約の申込書を作成して保険契約を締結したときは、反証のないかぎり、たとい保険契約者が盲目であって、右約款の内容を告げられず、これを知らなかったとしても、なお右約款による意思があったものと推定すべきものである」

　判例ごとに説明の仕方が異なるものの、多くの判例では、当事者が約款によって契約を行う意思を有していたものと推定するという考え方がとられていました（リーディングケースといわれる大判大正4・12・24民録21輯2182頁においても、当事者双方がとくに普通保険約款によらない旨の意思を表示せずに契約をしたときは、反証がない限りその約款による意思をもって契約したものと推定する、とされています）。

　もっとも、このように当事者の意思を推定するという判例の考え方については、相手方が約款の内容を知らない場合に約款による意思を推定することはできないとする批判もあり、約款の拘束力を認める根拠としては十分でないと考えられていました。

　このようなさまざまな見解を踏まえ、民法（債権法）改正の議論に

おいて最初に検討されたのが、約款について当事者に対する拘束力を
認めることを前提に、そのためにはいかなる要件が必要かという問題
でした。これは、「約款の組入れ要件」という形で議論が行われまし
たが、以下の通り、審議の段階に応じて、提案されるルールの内容は
大きく変遷していきました。

〈法制審議会前〉

●民法（債権法）改正検討委員会「債権法改正の基本方針」
（NBL904号〔2009〕）
【3・1・1・26】（約款の組入れ要件）
〈1〉約款は、約款使用者が契約締結時までに相手方にその約款を
　　提示して（以下、開示という。）、両当事者がその約款を当該契
　　約に用いることに合意したときは、当該契約の内容となる。た
　　だし、契約の性質上、契約締結時に約款を開示することが著し
　　く困難な場合において、約款使用者が、相手方に対し契約締結
　　時に約款を用いる旨の表示をし、かつ、契約締結時までに、約
　　款を相手方が知りうる状態においたときは、約款は契約締結時
　　に開示されたものとみなす。
〈2〉〈1〉の規定にもかかわらず、約款使用者の相手方は、その内
　　容を契約締結時に知っていた条項につき、約款が開示されな
　　かったことを理由として、当該条項がその契約の内容とならな
　　いことを主張できない。

　　これは、民法（債権関係）部会の審議が開始される前に、学識経験
者による改正検討委員会が作成した基本方針において提案された案で

すが、約款使用者が契約締結時までに相手方に約款を提示すること
を、約款の組入れ要件として求めるものでした。

〈中間試案〉

●民法（債権関係）の改正に関する中間試案
【約款の組入要件の内容】
契約の当事者がその契約に約款を用いることを合意し、かつ、そ
の約款を準備した者（以下「約款使用者」という。）によって、
契約締結時までに、相手方が合理的な行動を取れば約款の内容を
知ることができる機会が確保されている場合には、約款は、その
契約の内容となるものとする。

　民法（債権関係）部会の審議が開始された後も、基本的には、当事
者が契約締結前に約款の内容を知ることができる状況にあることが必
要であるという考え方が維持されていました。
　そして、中間試案の段階では、契約締結時までに相手方が合理的な
行動をとれば約款の内容を知ることができる機会が確保されているこ
とを、約款の組入れ要件として求めていました。
　しかし、このような組入れ要件を設けると、個々の当事者の事情に
よって、約款の拘束力が認められる場合と認められない場合が生じる
ことになり、また内容を知ることができたか否かをめぐって、当事者
間での争いが頻発することも予想されました。

〈要綱案の取りまとめ〉

●民法（債権関係）部会資料75B

【定型条項（仮称）による契約】

⑴　（略）

⑵　定型条項は、<u>契約の当事者が特定の定型条項によることを合意した場合</u>のほか、次に掲げる場合において相手方が異議を述べないで契約を締結したときは、契約の内容となる。

　ア　定型条項を準備した者（以下「条項準備者」という。）が、<u>契約の締結前に、当該定型条項によることを相手方に表示した場合</u>

　イ　上記アによることが契約締結の態様に照らして期待することができない場合において、その契約と同種の契約において定型条項によるのが通常であるとき。ただし、条項準備者が特定の定型条項を用いることを公表しているときに限る。

　そこで、要綱案の取りまとめに向けた検討の中で、契約締結前に約款の内容を知ることができる状況にあることを要件とせず、約款によることの合意をすれば足りるという考え方が示されました。そして、このころから「組入れ要件」という表現は使用されないようになりました。

〈要綱案〉

●民法（債権関係）の改正に関する要綱案

【定型約款についてのみなし合意】

定型約款についてのみなし合意について、次のような規律を設けるものとする。

(1)　定型取引を行うことの合意（3において「定型取引合意」という。）をした者は、次に掲げる場合には、定型約款の個別の条項についても合意をしたものとみなす。

　ア　定型約款を契約の内容とする旨の合意をしたとき。

　イ　定型約款を準備した者（以下「定型約款準備者」という。）があらかじめその定型約款を契約の内容とする旨を相手方に表示していたとき。

(2)　（略）

　最終的に、要綱案の中では、「定型取引」や「定型約款」という新たな概念が用いられるとともに、契約締結前の約款の開示などを要件とせずに、①定型約款を契約の内容とする旨の合意、または②あらかじめ定型約款を契約の内容とする旨の表示があれば足りることとしました。そして、この要綱案の内容が新たな民法のルールになりました（詳細は**第3章**）。

　このように、約款の拘束力を認めるための要件として、約款の事前開示などの形式要件を課すことはせず、当事者が約款を契約内容とすることについて合意をすればよい（あるいはその旨を事前に表示していればよい）とされました。これにより、約款を使用して取引を行う事業者にとっては、個々の相手方の事情に応じて約款の拘束力の有無が変わるといった事態を避けることができ、約款に基づく取引の特徴である、すべての当事者の契約内容の統一性や画一性を確保しやすくなったといえます。

(2)　約款の開示

　民法改正の審議の過程では、約款の開示に関する位置付けも大きく変わりました。

　中間試案の段階までは、契約締結前に約款の内容を開示することが約款の組入れ要件として検討されていたため、この組入れ要件とは別に、約款の開示についてルールを設ける必要はありませんでした。

　ところが、要綱案の取りまとめの過程で、約款の事前開示を要件とせずに、当事者の合意により約款の拘束力を認める方針に変更されたことから、約款の拘束力の議論とは別に、約款の開示を義務付ける必要があるのではないかが議論されるようになりました。これは、約款の特徴の1つである「約款の隠ぺい効果」の問題があり、顧客が具体的に約款の内容を把握していなくてもその内容に拘束されることになるため、事前開示が約款の組入れの要件にはならないとしても、せめて顧客が容易に約款の内容を知ることができる仕組みを設ける必要があるのではないかと考えられたためです。

　そこで、要綱案の取りまとめの段階から、約款を準備する者が、契約の締結前または契約の締結後相当の期間内に相手方から請求があった場合に、約款の内容を表示しなければならないという案が示されるようになりました。つまり、約款の開示の問題と、それが契約内容になるかという問題を別個の問題として捉えたうえで、相手方から請求があった場合の表示義務を定めるという考え方が示されました。

　そして、最終的にこの考え方が要綱案においても採用され、新たな民法のルールになりました（詳細は**第3章**）。

(3)　不当条項の問題

　「約款の隠ぺい効果」との関係で、約款に定められていればいかなる条項であっても当事者に対する拘束力が認められるのかについては、別途検討が必要になります。

I 基本編

　ここでは、約款の内容規制が問題となりますが、民法改正の審議の過程では、不意打ち条項と不当条項規制という2つに分けて議論が行われました。

〈中間試案〉

●民法（債権関係）の改正に関する中間試案
【不意打ち条項】
約款に含まれている契約条項であって、他の契約条項の内容、約款使用者の説明、相手方の知識及び経験その他の当該契約に関する一切の事情に照らし、相手方が約款に含まれていることを合理的に予測することができないものは、上記2によっては契約の内容とはならないものとする。
【不当条項規制】
前記2によって契約の内容となった契約条項は、当該条項が存在しない場合に比し、約款使用者の相手方の権利を制限し、又は相手方の義務を加重するものであって、その制限又は加重の内容、契約内容の全体、契約締結時の状況その他一切の事情を考慮して相手方に過大な不利益を与える場合には、無効とする。

　このように、中間試案の段階では、不意打ち条項と不当条項規制の両方を設ける方向で、提案が行われました。しかし、この案に対しては、約款が契約内容になるか否かを個別の相手方の知識や経験によって判断することになると、すべての相手方を画一的に扱おうとする約款の意義に反するなどの批判がありました。

〈要綱案の取りまとめ〉

●民法（債権関係）部会資料75B
【合理的に予測し得ない事項に関する契約条項】
定型条項の契約条項については、それが契約の主たる給付の内容、同種の他の契約の内容その他の事情及び取引通念に照らしてその契約の内容となることを合理的に予測し得ないと認められる事項に関するものであって、相手方に不利益を与えるものであるときは、前記1⑵を適用しない。ただし、相手方が、当該事項に関する契約条項があることを知り、又は容易に知り得たときは、この限りでない。
【相手方に過大な不利益を与える契約条項の効力】
定型条項の契約条項は、当該契約条項が相手方の権利を制限し、又は相手方の義務を加重するものであって、民法第1条第2項に規定する基本原則に反して相手方に過大な不利益を与える場合には、無効とする。この場合において、無効かどうかを判断するに当たっては、当該契約の内容の全部（定型条項以外の部分を含む。）、契約の締結の態様その他一切の事情を考慮するものとする。

　その後、要綱案の取りまとめに向けた検討の段階でも、不意打ち条項と不当条項規制の両方を設ける案が示されていましたが、ここでは、中間試案に対する批判を受けて、不意打ちに該当するか否かは、契約の主たる給付の内容、同種の他の契約の内容などを踏まえて、抽象的な相手方一般を基準として客観的に判断するという考え方が示されていました。

〈要綱案〉

●民法（債権関係）の改正に関する要綱案

【定型約款についてのみなし合意】

(1) （略）

(2) (1)の規定にかかわらず、(1)の条項のうち、相手方の権利を制限し、又は相手方の義務を加重する条項であって、その定型取引の態様及びその実情並びに取引上の社会通念に照らして民法第1条第2項に規定する基本原則に反して<u>相手方の利益を一方的に害すると認められるものについては、合意をしなかったものとみなす。</u>

　しかし、最終的に要綱案の段階では、単に「合理的に予測することができない」という理由で契約の内容とならないことについて過剰な規制であるとの批判が強く、判断基準があいまいなため取引の安定性を損なうという問題もあったことから、不当条項規制と別に不意打ち条項は設けないこととされました。

　もっとも、不当条項規制の効果が、当該条項を無効とするのではなく、みなし合意の効果が及ばないとされたことから、不当条項規制が一定の範囲で不意打ち条項の機能を有することになる点には注意が必要です。

(4) 約款内容の変更

　約款を使用した取引は、一定の期間にわたって契約関係が継続するものが多く、その間に契約の内容を変更する必要が生じることがあります。民法の原則からすれば、契約の事後的な変更には相手方の同意を要することになりますが、約款の特徴である多数の相手方の存在からすると、すべての相手方から同意を得ることは困難です。

　そこで、民法改正の議論において、一定の場合には相手方の同意なしに約款の内容を変更することができるルールを設けることが検討されました。

〈中間試案〉

●民法（債権関係）の改正に関する中間試案
【約款の変更】
⑴　約款が前記2によって契約内容となっている場合において、次のいずれにも該当するときは、約款使用者は、当該約款を変更することにより、相手方の同意を得ることなく契約内容の変更をすることができるものとする。
　ア　当該約款の内容を画一的に変更すべき合理的な必要性があること。
　イ　当該約款を使用した契約が現に多数あり、その全ての相手方から契約内容の変更についての同意を得ることが著しく困難であること。
　ウ　上記アの必要性に照らして、当該約款の変更の内容が合理的であり、かつ、変更の範囲及び程度が相当なものであること。
　エ　当該約款の変更の内容が相手方に不利益なものである場合にあっては、その不利益の程度に応じて適切な措置が講じられていること。
⑵　上記⑴の約款の変更は、約款使用者が、当該約款を使用した契約の相手方に、約款を変更する旨及び変更後の約款の内容を合理的な方法により周知することにより、効力を生ずるものとする。

　中間試案の段階では、すべての相手方から契約内容の変更についての同意を得ることが著しく困難であることが、必須の要件とされていました。また、相手方からの同意に代えて、合理的な方法により周知を行うことが提案されました。

〈要綱案の取りまとめ〉

●民法（債権関係）部会資料75B

【定型条項の変更】

⑴　条項準備者は、次に掲げるときは、定型条項の変更をすることにより、個別の相手方と合意をすることなく、契約内容を変更することができる。ただし、当該定型条項を契約の内容とした相手方が多数であり（複数の定型条項について同一の変更を行う場合にあっては、それらの定型条項に係る相手方が多数である場合を含む。）、又は不特定である場合において、その全ての相手方から契約内容の変更についての同意を得ることが著しく困難であるときに限る。

　　ア　定型条項の変更が、相手方の利益に適合することが明らかであるとき。

　　イ　定型条項の変更が、契約をした目的に反しないことが明らかであり、かつ、変更の必要性、変更後の内容の相当性その他の変更に係る事情に照らして合理的なものであるとき。

⑵　条項準備者は、定型条項において、予想される変更の内容の概要が定められているときは、当該契約条項に従って定型条項を変更することができる。ただし、変更後の内容が取引通念に照らして相当である場合に限る。

⑶　⑷　（略）

　その後、要綱案の取りまとめに向けた検討の段階で、すべての相手方から契約内容の変更についての同意を得ることが著しく困難である場合に加えて、約款に変更条項が設けられ、予想される変更の内容の概要が定められているときは、その条項に従って約款の変更ができるとすることが提案されました。

　最終的には、すべての相手方から同意を得ることが著しく困難であることや、約款に変更条項を設けることは必須の要件とはされず、変更条項の有無も含めて、変更の合理性の判断の中で考慮されることとなり、これが新たな民法のルールになりました（詳細は**第3章**）。

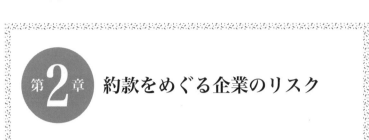

現代社会において、約款は多くの企業の事業活動に不可欠な存在になっています。B to C のビジネスを行う企業はもちろんですが、B to B のビジネスのみを行う企業においても約款は使用されています。**第1章**で述べた通り、一般的な約款の定義は、「多数の契約に用いるためにあらかじめ定式化された契約条項の総体」とされており、ここでは、事業者と消費者との間の取引には限定されていません。事業者同士の契約であっても、建設工事標準請負契約約款や運送約款など、行政庁による勧告や認可を要件とする約款が存在しますし、それ以外にも、ソフトウェア利用規約やメンテナンスサービス規約などは、利用者が消費者であるか事業者であるかを区別せずに、同一の内容の約款を使用して取引するのが一般的です。

　また、詳細は**第3章**で後述しますが、民法改正において新たに設けられた「定型約款」の定義も、「定型取引（ある特定の者が不特定多数の者を相手方として行う取引であって、その内容の全部または一部が画一的であることがその双方にとって合理的なものをいう）において、契約の内容とすることを目的としてその特定の者により準備された条項の総体をいう」と定められており、取引の相手方が消費者であるか事業者であるかを区別していませんので、事業者同士の契約で使用される約款も、民法の「定型約款」に該当することになります。

　このように、わが国では、約款は多くの企業の事業活動において使用されており、約款を用いた取引に一切関与していない企業は、およ

そ存在しないといえるような状況にあります。このうち、企業が利用者の立場で約款に基づく取引をする際の留意点は、利用者が消費者である場合ととくに違いはないと思われます。むしろ重要なのは、企業が利用者との間で約款を用いて取引をする際の留意点です。

　そこで、本章では、改正民法で規定された「定型約款」を利用する定型約款準備者としての立場も含め、いわゆる約款を事業活動の中で使用する企業として、どのようなリスクマネジメントが求められるのかについて解説します。

1　約款に関するリスクへの備え

　企業が約款を用いた取引をする場合には、自ら法的に有効な約款を作成し、これを適切な方法で相手方との取引に適用する必要があります。

　ところが、これまでの約款は、慣習的に従前と同じ方法で使用されてきたものが多いように思われ、その法的位置付けや約款の拘束力の根拠などが明確ではありませんでした。そのため、企業が約款を作成するにあたり、約款にいかなる条項を設ける必要があるか、現在使用している約款の条項に問題はないか、約款を相手方に交付する必要があるかなど、約款に関するリスクを判断する材料が十分にありませんでした。

　しかし、今回の民法改正によって「定型約款」の規定が設けられたことに伴い、企業は、約款に関して、改めて通常の契約とは異なるリスクを負うことを理解し、万一の事態に備えておくことが重要になります。

2　法令違反の範囲の拡大

　これまでも、消費者との取引に使用される約款には消費者契約法が

適用されていたため、企業にとっては、消費者契約法に抵触して約款の個別の条項が無効になるリスクがありました。しかし、今回、民法に「定型約款」の規定が設けられ、約款の内容面だけでなく、約款の交付等も含めた運用面についてもルールが設けられたため、企業（定型約款準備者）としては、企業間の取引を含めて、広く約款に関する法令違反のリスクが生じることになった点には留意が必要です。

　確かに、法令に違反するリスクがあること自体は、約款を使用した取引だけの問題ではなく、通常の契約でも同様です。しかし、約款は、多数の相手方との間で画一的な内容で契約が行われるものであるため、一部の顧客との間でトラブルが生じると、それがインターネットや SNS、マスコミ等を通じて、同じ約款を使用しているすべての取引に共通する問題点として広く公表され、問題が拡散しやすい傾向にあるといえます。

　とくに、約款を使用した取引の特徴として、一般に対価が少額で、反復継続して行われる取引において約款が使用される傾向にありますが、一度「違法」のレッテルを貼られると、企業には個々の取引単価をはるかに上回る信用毀損による損失が生じることになりますので、取引単価にかかわらず慎重な対応が必要になります。

　今般の民法改正では、「定型約款」の表示義務のルールも定められました。今後は、各社のウェブサイト等で約款を開示する企業が増えると予想されますが、仮にこれまで一切トラブルがなかった企業であっても、約款を公表することによって、実際に取引をした相手方以外の第三者から約款の法令違反を指摘されたり、ビジネス上の競合関係にある他社から行政庁に通報されたりするリスクも増えることになります。

　したがって、これまで問題にならなかったという理由だけで、当社にはリスクがないと軽信するのではなく、各社において、改めて約款

に関するリスクを慎重に判断する必要があると思われます。

3　他の顧客との契約に波及するリスク

　約款の特徴の1つとして、画一的解釈の原則（**第1章4(3)**）があります。そのため、もし一部の顧客との間で約款の解釈について紛争が生じ、裁判において確定的な判断が示されると、当該顧客との契約だけでなく、他の顧客との契約についても、同一の約款解釈を適用する必要が生じることになります。

　その結果、従前の運用を大幅に変更する必要が生じる可能性があり、場合によっては、コストがかかりすぎるためにサービスを停止せざるをえないという事態も考えられます。そして、最悪の場合には、過去に遡って運用の是正をすることが求められ、すでに消滅した契約も含めて、例えば利用料の一部を返金するなどの処理が必要になる可能性もありますので、留意が必要です。

4　約款取引に特有の訴訟リスク

　もっとも、約款は、一般に対価が少額の取引において使用されることが多いため、費用対効果との関係で、個々の顧客が利用料の返還等を求めて、企業に対して裁判を起こすことは必ずしも多くありません。そのため、従来から、約款を使用した取引においては、消費者が泣き寝入りせざるをえないケースが多いという問題が指摘されてきました。

　このような問題意識から、約款の特徴を考慮した特別な訴訟制度（消費者団体訴訟制度）が設けられていますので、企業としては、通常の裁判とは異なるこれらの訴訟制度の内容を理解し、これに伴って企業に生じるリスクについても理解しておく必要があります。

(1)　適格消費者団体による差止請求訴訟

　2006年の消費者契約法改正により、適格消費者団体による差止請求の制度が創設されました。この制度は、消費者契約法においてすでに認められている消費者の契約取消権や不当条項規制の実効性を確保するために、一定の要件を満たした適格消費者団体が、消費者に代わって事業者の行為の差止め等を請求することができるようにしたものです。

　このうち、約款に関するものとしては、消費者契約法12条3項により、以下の要件を満たす場合に、一定の措置をとることを請求することができると定められています。

請求権者	請求の要件	措置の内容
適格消費者団体	不特定かつ多数の消費者との間で消費者契約法8条から10条までに規定する消費者契約の条項を含む消費者契約の申込みまたはその承諾の意思表示を現に行いまたは行うおそれがあるとき	行為の停止・予防、行為に供した物の廃棄・除去その他の行為の停止・予防に必要な措置

　実際に、この差止請求の制度により約款の条項の差止めが認められた裁判例としては、以下のような例があります。

〈京都地判平成28・12・9 ウエストロー・ジャパン〉
［事案］
インターネット接続サービスに関する約款中にある、有料利用開始日から2年の最低利用期間内に消費者が本件契約を解約したときは2年の残余期間分にかかる利用料金全額を一括して支払う旨

の条項は、消費者契約法９条１号および同法10条により無効であるとして、当該条項を含む約款を用いた意思表示をすることの差止め等を求めた。

［結論］

本件解約料条項は消費者契約法９条１号により無効であるとして、被告に対して本件解約料条項を含む意思表示を行わないこと、およびその従業員らに対して当該意思表示を行うための事務を行わないことを指示するよう命じた。

［判決のポイント］

(ア)　本件約款では、２年間の最低利用期間を設けたうえで、本件解約料条項が置かれている。通常、事業者が一定の期間を契約継続すべき期間として設定する場合、事業の規模、契約件数やコストなどのさまざまな事情を考慮したうえで、事業者の営業政策的判断の下、合理的に定められるものであり、本件の被告も２年間という期間を、そのような判断の下で定めているということができる。

(イ)　本件インターネット契約が最低利用期間内に解約された場合、被告に生ずべき「平均的な損害」は、最低利用期間の残余期間分の月額利用料から、支出を免れる費用（少なくとも月178円）を控除した額であるところ、本件解約料条項では、残余期間分の月額利用料全額の支払を請求できるものとしている。したがって、本件解約料条項は「平均的な損害」を超える損害賠償額の予定等をするもので、差額は月178円（月額利用料との比でいえば、約３〜５％）を下るものではないのであるから、その超過部分が無効であるというべきである。

(ウ)　本件解約料条項のうち、「平均的な損害」を超える部分については消費者契約法９条１号により無効であり、被告におい

> て、本件約款を事業のために用いており、今後も不特定多数の消費者との間で、本件約款に含まれる本件解約料条項に基づいた意思表示を行うおそれもあるから、その余の点を判断するまでもなく、原告による同法12条第3項に基づく差止めが認められる。

　本判決は、本件解約料条項が消費者契約法9条1号に定める「平均的な損害」を超えるものとして、当該条項に基づく意思表示の差止め（すなわち約款の使用禁止）が認められたものです。

　本件では、約款を使用した取引の相手方ではなく、適格消費者団体が原告となって、企業に対して約款の使用差止め等を求め、これが認められました。そして、一旦差止めが認められると、企業としては、約款の内容の変更を余儀なくされるだけでなく、当該条項が無効であることが判決で示された以上、過去に当該条項に基づいて解約料を支払った顧客から解約料の返還などを求められるリスクもあります。したがって、差止訴訟が提起された場合には、他の顧客との契約にも多大な影響が及ぶことを認識しておく必要があります。

⑵　消費者被害回復裁判手続

　2013年に、「消費者の財産的被害の集団的な回復のための民事の裁判手続の特例に関する法律」が成立し、2016年10月1日から施行されています。この制度は、日本版クラス・アクションとも呼ばれ、一般に消費者被害においては、被害額が少額であり、かつ、消費者と事業者との間には情報の質、量および交渉力において格差があることを踏まえ、消費者の財産的被害を効率的に回復することを目的として創設されたものです。

　この制度の特徴は、以下の通り、手続が2段階に分かれている点です。

(i)　1段階目の手続（共通義務確認訴訟）

　相当多数の消費者に財産的被害が生じている場合に、特定適格消費者団体が原告となり、事業者が対象消費者に対して、共通する事実上および法律上の原因に基づいて金銭を支払う義務を負うことの確認を求めて訴訟を提起します。

　この制度の対象となる請求は、以下の5つの類型に限定されています。

---

①　契約上の債務の履行の請求

②　不当利得に係る請求

③　契約上の債務の不履行による損害賠償の請求

④　瑕疵担保責任に基づく損害賠償の請求

⑤　不法行為に基づく損害賠償の請求

　約款を使用した取引については、画一的に契約の内容が定められるため、相当多数の消費者について共通する法律関係が認められることから、この制度による被害回復の対象になる可能性が高いといえます。

　もっとも、共通義務確認訴訟は、事業者に対して金銭の支払を求める請求に限られ、かつ、請求の類型が限定されているため、例えば、約款の特定の条項が消費者契約法に抵触して無効であることを理由に、当該条項に基づいて消費者が支払った金銭を不当利得として返還請求を行うものなどが、この訴訟の対象になると考えられます。

(ii)　2段階目の手続（簡易確定手続）

　1段階目の共通義務確認訴訟において、原告の請求を認容する判決が確定した場合、または事業者の支払義務が存在することを認める和解が成立した場合に、2段階目の簡易確定手続が開始されることにな

ります。

　この簡易確定手続は、対象となる個々の消費者が、特定適格消費者団体に授権を行い、当該団体が裁判所に対して、対象債権について債権届出をすることによって行われます。これを受けて、事業者が届出債権の認否を行い、事業者がこれを認めた場合には届出債権の内容は確定することになります。また、認否に争いがある場合は、裁判所が簡易確定決定を行うことになります。

　このように、2段階の手続を経て、対象となる消費者の債権は確定し、これに基づいて個々の消費者は事業者から金銭の支払を受けることができます。

　通常の訴訟手続の場合には、事業者が支払義務を負うか否かを確定するために、相当な時間と労力を要することになりますが、この手続では、特定適格消費者団体が対象消費者に代わって共通義務確認訴訟を提起することができ、共通義務の存在が確定してはじめて、個々の消費者は手続に参加することになります。これにより、個々の消費者に過度の負担を負わせることなく、相当多数の消費者に生じた財産的損害について、まとめて被害の回復を図ることができるようにしています。

　これまで約款による取引の相手方から訴訟が提起されたことがない企業であっても、それは単に、費用対効果の問題から、個々の消費者が泣き寝入りをしていたにすぎない可能性があります。この集団的被害回復の制度が創設されたことにより、今後は、約款の条項の有効性について特定適格消費者団体から訴訟が提起され、差止請求の効果にとどまらず、個々の消費者に対する金銭的な支払が求められる可能性があります。この場合、かなりの数の消費者が手続に参加することが予想されるため、企業が支払うべき総額が膨大な額になることも十分想定されます。

　企業としては、このような制度の存在を十分意識し、現在使用されている約款に無効な条項が含まれていないか、多数の消費者に共通する義務の存在を主張されるおそれのある条項はないかを、あらかじめ検証しておくべきであると思われます。さらに、後述する消費者団体からの質問状などに対しても真摯に検討を行い、将来的に集団的な被害回復の請求を受けるリスクを減らすような対応を行うべきです。

5　消費者団体から是正勧告を受けるリスク

　このような法的な請求権とは別に、近年、消費者団体が、約款に含まれる不当な条項の是正を求めて、企業に対して質問状などを送付するケースが増えています。

　このような消費者団体からの質問状に対する企業の回答は、その消費者団体のウェブサイトで企業名を含めて公表されることが多い（回答がない場合もその旨公表されます）ため、企業としてどのような回答をするかについては、慎重に検討する必要があります。

　また、質問状に対して企業から十分な回答がない場合や、企業が自発的に不当な条項の是正を行わない場合には、消費者団体から催告書や是正勧告書などが送付されることもあります。そして、これらの内容もすべてウェブサイトなどで公表されることになります。

　ここでの一連のやりとりにより、たとえ企業として約款が有効であると判断し、その使用を継続したとしても、顧客や世間一般の人に対して、不当な約款を使用してビジネスを行っているとの印象を与える可能性があります。したがって、消費者団体からこのような指摘を受けること自体が、企業としてのレピュテーションリスクにつながることを認識しておく必要があります。

　とくに、消費者団体からの質問状の送付や是正勧告は、1社だけでなく、類似の約款を使用している複数の企業に対して同時に行われる

ことも多く、そこでの回答がウェブサイトで公表される結果、是正を
行った企業と行わなかった企業が露骨に明らかになり、比較されてし
まうという副次的な影響もあります。そのため、個別の約款条項の有
効性に関する検討と併せて、消費者団体からの質問状などへの対応も
慎重に行うべきです。

第3章 約款をめぐる法規制

　新たに約款を作成したり、既存の約款の内容を見直したりする際には、その前提知識として、約款をめぐる法令としてどのようなものがあるか、法令に違反した場合にはどのようなリスクがあるかを知っておくことが必要です。

　約款をめぐって適用される法令は、業種によりさまざまです。業法が定められている場合には、約款の内容は業法に沿うようにする必要がありますし、保険約款のように、約款の内容が法律で定められた基準に適合しているかどうか行政により審査される場合もあります。このように、約款をめぐってさまざまな法令が適用される可能性がありますが、業種を問わず最低限押さえておかなければならない法令は、民法と消費者契約法です。そこで、本章では、1で民法と消費者契約法の概要を解説し、2以下で個別の条文について解説します。

1　約款に適用される基本法

(1)　民法

(i)　適用範囲

　民法は、対等な私人同士の法律関係を定める一般法です。すなわち、いわゆる私的な契約には民法が適用されますので、約款を用いた取引についても、基本的に民法が適用されることになります。

(ii)　改正民法における規定の新設

　世の中においては、いたるところで約款を用いた取引がされていま

す。しかし、改正前民法には、とくに約款について規定する条文は存在しなかったため、約款の位置付けは必ずしも明らかではなく、当事者間の法律関係は不安定な状態にありました。

そこで、改正民法では、「定型約款」という新しい概念が設けられ、定型約款に関する新たなルールが規定されました（改正民法548条の2ないし548条の4）。新設されたのは、①どのような場合に定型約款の内容で契約が成立するかという、いわゆる「みなし合意」に関するルール、②定型約款を用いた取引に際して必要となる表示手続に関するルール、そして③定型約款を変更する際の要件に関するルールです。

なお、改正民法では、いわゆる約款のうち、定型約款に関するルールが設けられたにすぎず、約款一般に適用されるルールが設けられたわけではありませんので、定型約款にあたらない約款については、直ちに改正民法が適用されることにはなりません。

(2)　消費者契約法

(i)　適用範囲

事業者と消費者との間で締結される契約、すなわち消費者契約については、民法だけではなく、消費者契約法も適用されます。約款を用いた取引としては、事業者同士の取引（B to B取引）もありうるため、消費者契約法は、民法とは違い、約款を用いた取引に常に適用されるものではありません。もっとも、事業者が消費者と取引する際には、約款を用いることが多いため、約款をめぐり消費者契約法が適用される場面は多いと思われます。

(a)　消費者とは

「消費者」とは、「個人（事業として又は事業のために契約の当事者となる場合におけるものを除く。）」をいいます（消費者契約法2条1項）。個人であっても事業としてまたは事業のために契約の当事者となる場

合には、消費者には該当しません。したがって、約款取引の顧客が個人の場合には、事業としてまたは事業のために契約をしているかどうかが重要になります。

(b)　事業者とは

「事業者」とは、「法人その他の団体及び事業として又は事業のために契約の当事者となる場合における個人」をいいます（消費者契約法2条2項）。したがって、法人や団体は、それだけで事業者にあたります。

(c)　留意点

事業者が約款を用いて顧客と取引する場合、その顧客が消費者にあたるか、それとも事業者にあたるかにより、消費者契約法の適用の有無が変わってきます。しかし、個人と取引をする場合、その個人が事業としてまたは事業のために契約しているかどうかは、事業者には判断がつかないことが多いです。例えば、個人がパソコンを購入した場合、事業者は、その個人が事業としてまたは事業のために購入したのか、それとも事業以外の目的（例えば趣味目的）で購入したのかは知りえないことが多いと思われます。したがって、想定される顧客に個人が含まれる場合には、消費者として扱い、消費者契約法が適用されることを前提に約款を準備しておくのが安全です。

(ii)　消費者契約法の内容

一般に消費者契約においては、事業者と消費者との間には情報の質、量および交渉力において格差があります。すなわち、通常事業者が提供する商品やサービスに関する情報は事業者側に多く存在し、消費者は事業者から提供される情報に依拠せざるをえません。また、消費者は、仮に事業者の用意した条項に満足できない場合でも、事業者との間で個別に交渉し、条項を修正するよう求めることまでは通常しませんし、事業者がこれに応じる可能性も低いといえます。消費者契

約法は、事業者と消費者との間にこのような格差があることを前提に、消費者の利益を保護するために、種々の規定を設けています。

　約款との関係では、無効になる条項を定めた消費者契約法 8 条から10条が重要です。同法10条は、将来において現れる可能性のある不当条項を漏れなく規制の対象とするため、一般条項として、包括的に不当条項の効力は無効である旨規定しています。これに対し、同法 8 条および 9 条は、以下の通り、類型的にみて不当性が高く、無効にすべき個別の条項をリスト化したものです。

---

① 　事業者の損害賠償責任を不当に免除する条項等（ 8 条）

② 　消費者の解除権を放棄させる条項等（ 8 条の 2 ）

③ 　消費者に後見開始の審判等があったことのみを理由として、事業者に解除権を付与する条項（ 8 条の 3 ）

④ 　消費者が支払う損害賠償の額を不当に高額に設定する条項等（ 9 条）

　(ⅲ)　改正の経緯

　消費者契約法は、2001年 4 月 1 日の施行以来、何度か改正を経ています。このうち、とくに約款に関係する改正内容は、以下の通りです。

---

① 　2006年 5 月31日改正（2007年 6 月 7 日施行）

　・消費者団体訴訟制度（差止請求制度）の導入

② 　2016年 5 月25日改正（2017年 6 月 3 日施行）

　・ 8 条の 2 追加

　・10条前段要件につき、「民法、商法……その他の法律の公の秩序に関しない規定」から、「消費者の不作為をもって当該消費者が新たな消費者契約の申込み又はその承諾の意思表示

をしたものとみなす条項その他の法令中の公の秩序に関しない規定」に変更

③　2017年 6 月 2 日改正（2020年 4 月 1 日施行）

・改正民法において、売買契約における売主の瑕疵担保責任と請負契約における請負人の瑕疵担保責任について、「瑕疵」の考え方を廃止し、「契約適合性」の概念を採用したことに伴い、8 条 1 項 5 号削除、同条 2 項の内容変更、8 条の 2 第 2 号削除

④　2018年 6 月 8 日改正（2019年 6 月15日施行）

・事業者に損害賠償責任の有無等を決定する権限を付与する条項を無効とする旨追加（8 条 1 項 1 号ないし 5 号）

・消費者の解除権につき、事業者にその有無を決定する権限を付与する条項を無効とする旨追加（8 条の 2 ）

・8 条の 3 追加

　なお、2018年 6 月 8 日改正後も、引き続き消費者契約法の改正に関する議論がされています。例えば、同法 9 条 1 号における消費者の「平均的な損害の額」の立証負担を軽減するための規定を設けることや、消費者契約における約款条項の事前開示のあり方などが検討されています。

2　公序良俗違反による無効

（公序良俗）

民法90条

公の秩序又は善良の風俗に反する法律行為は、無効とする。

　民法90条は、一般条項として、公の秩序または善良の風俗に反する法律行為は無効である旨規定しています。改正前民法では、「公の秩序又は善良の風俗に反する事項を目的とする法律行為は、無効とする」とされており、文言上は、判断要素が法律行為の目的に限定されているようにも読めました。もっとも、改正前民法の下においても、裁判実務では、法律行為の目的以外の事情、例えば、法律行為が行われた過程を含む諸事情が考慮されていたことから、改正民法では「事項を目的とする」との文言が削除されました。

　改正民法では、定型約款における不当条項の拘束力を否定する規定が新設されたため（同法548条の２第２項）、定型約款該当性が認められる場合には、実務上は、同法90条の適用の判断の前に、同法548条の２第２項の適用の有無が検討されることになると思われます。また、契約が消費者契約にあたる場合には、消費者契約法８条から10条の適用の有無が検討されるため、改正民法90条はあまり出番がないようにも思われます。

　しかし、B to B取引には消費者契約法は適用されず、また、定型約款該当性が否定される場合には、改正民法548条の２第２項が適用されることもありません。したがって、このような場合には、同法90条により不当な条項が無効になる可能性があります。例えば、一方の当事者の損害賠償責任を不当に免除する条項や、一方の当事者に極めて過大な賠償額を予定するような規定は、暴利行為として同条により無効になる可能性があります。

3　定型約款の組入れ要件

（定型約款の合意）

民法548条の2

1　定型取引（ある特定の者が不特定多数の者を相手方として行う取引であって、その内容の全部又は一部が画一的であることがその双方にとって合理的なものをいう。以下同じ。）を行うことの合意（次条において「定型取引合意」という。）をした者は、次に掲げる場合には、定型約款（定型取引において、契約の内容とすることを目的としてその特定の者により準備された条項の総体をいう。以下同じ。）の個別の条項についても合意をしたものとみなす。

一　定型約款を契約の内容とする旨の合意をしたとき。

二　定型約款を準備した者（以下「定型約款準備者」という。）があらかじめその定型約款を契約の内容とする旨を相手方に表示していたとき。

2　（略）

---

(1)　規定の趣旨

　改正民法548条の2第1項は、契約当事者が定型約款の個別の条項に拘束されるための要件を規定しています。民法の原則によれば、契約の当事者は、契約の内容すなわち個別の条項の存在や内容を認識して意思表示をしなければ、意思表示の合致がないため当該条項に拘束されないと考えられています。しかし、約款を用いた取引をする多くの顧客は、そこに記載された個別の条項の存在や内容を認識していないことが多く、この場合にも約款の個別の条項に拘束される理由は必

ずしも明らかではありませんでした。しかし、現実の社会において
は、円滑に多くの取引をするために、約款を使用せざるをえない場面
が多く存在します。

　そこで、このような取引の法的安全性を確保するため、「定型約款」
に定められた個別の条項が契約の内容となるために必要な要件が規定
されました。

(2)　定型約款とは

> ①　ある特定の者が不特定多数の者を相手方として行う取引で
>   あって
> ②　その内容の全部または一部が画一的であることがその双方に
>   とって合理的なものにおいて
> ③　契約の内容とすることを目的として、一方当事者により準備
>   されたもの

　上記①、②の要件を満たす取引を定型取引といい、さらに③の目的
要件を満たすものを定型約款といいます（改正民法548条の２第１項本
文）。定型約款に該当する典型例としては、鉄道等の旅客運送約款、
電気やガスの供給約款、銀行預金規定、保険約款、ネットショッピン
グ規約、SNS利用規約、ソフトウェア利用規約やクレジットカード
会員規約などが挙げられます。そのほか、定型約款の該当・非該当の
具体例については、**第6章**を参照してください。

　以下では、上記①～③の要件について個別に解説します。

(i)　不特定多数の相手方

「不特定多数の者を相手方として行う取引」の要件は、相手方の個
性に着目して相手方を実質的に審査する類型の取引を定型取引から除
外するためのものです。なぜなら、そのような類型の取引において

は、相手方の事情に応じて契約締結の可否や内容が決定されることから、定型約款の規律の対象として取引を円滑・迅速に行うことができるようにする必要性が乏しいからです。例えば、労働契約は、一般的に労働者の人格や能力などの個性に着目して締結されるものであることから、定型取引には該当しません。

　なお、「不特定多数の者」という文言から、相手方を個別に把握しているような場合には、この要件を満たさないと考えてしまうかもしれませんが、上記の通り、この要件は相手方の個性に着目する取引を除外するためのものであり、相手方を個別に把握していたとしても、直ちにこの要件を満たさないわけではありません。

　また、取引の相手方を一定の集団に属する者に限定する場合には、一見相手方の個性に着目するものとして、不特定多数の者を相手方として行う取引とはいえないようにも思えますが、一定の集団に属する者との取引であるからといって直ちにこの要件を満たさないわけではありません。例えば、結婚紹介所の取引相手を独身者に限定していたとしても、独身か否かで一律に資格を限定しているにすぎず、相手方の個性に着目して取引をするかどうかを決定しているわけではないため、不特定多数の者を相手方として行う取引といえると考えられます（一問一答244頁）。このように、取引に際し審査が行われ、取引の相手方が一定の集団に属する者に限定されるとしても、当該審査が相手方の個性に着目した実質的なものではなく、一律的な基準で行われるにすぎない場合には、不特定多数の者を相手方として行う取引といえる可能性があります。

　(ii)　取引内容の画一性および合理性

　相手方にとっても取引の内容が画一的であることに合理性があれば、定型約款の個別条項を認識していなくとも、これに拘束されることが正当化されることから、「その内容の全部又は一部が画一的であ

ることがその双方にとって合理的」であることが要件とされています。

　例えば、保険契約のように、約款に沿った画一的処理が行われることが契約の性質上不可欠なもののほか、顧客も迅速に契約を締結することを期待しており、個別に交渉のうえ契約内容を決定することを望まないものや、画一的処理により安価でサービス提供を受けることが可能となり、顧客も利益を享受していると評価できるものが、この要件を満たすと考えられます。

　この要件により、B to B 取引で用いられる契約書のひな型は、ほとんどの場合、定型約款該当性が否定されると思われます。なぜなら、B to B 取引においては、契約書のひな型が用意されているとしても、当事者間の交渉のたたき台として用いられるにすぎず、契約内容が画一的であることが一般的とまではいえない場合が多いためです。また、仮にひな型を用いて同じ内容の契約が多数の相手方との間で締結されるとしても、通常は当事者間の交渉力の格差によって契約内容が画一的になっているにすぎず、当事者双方にとって契約内容が画一的であることが合理的とはいえないためです。例えば、多数の下請業者と大企業である発注者間の取引において、仮に契約内容が画一的であったとしても、それは交渉力の格差によるものであり、内容が画一的であることが下請業者にとっても合理的とはいえないと思われます。

　もっとも、B to B 取引で用いられるひな型は、常に定型約款該当性が否定されるわけではありません。例えば、銀行預金規定やソフトウェア利用規約などは、内容を修正することが予定されておらず、内容の画一性が認められます。そして、顧客が事業者であるか消費者であるかを問わず同一内容の契約条項を利用することで取引コストが大幅に低減され、顧客もその恩恵を受けているといえるため、内容が画

一的であることが双方にとって合理的であり、定型約款に該当すると考えられます。とはいえ、B to B取引で用いられるひな型などが定型約款に該当するのは、基本的には上記のように消費者と事業者とでも変わることなく画一的に処理されるようなごく一部の場合に限られ、ほとんどの場合には、定型約款該当性は否定されるのではないかと思われます。

　また、要件としては、取引内容の「全部又は一部」が画一的であることが要求されているにすぎず、画一的である部分は「一部」であってもよいとされています。ただし、当該取引の重要部分のほとんどについて画一性が認められることが必要です。例えば、契約におけるサービスの内容や対価を定める中心的な事項をはじめ、一般的に当事者にとって関心が高い条項について画一的である（修正により、顧客ごとに契約内容が異なることがほぼない）といえる場合には、ほかの部分で修正することが予定されているとしても、定型約款にあたると考えられます。他方、例えば、裁判の合意管轄に関する条項のみ画一的であり、当事者にとって関心が高い重要な条項の大半について修正が予定されているような場合には、定型約款には該当しないと考えられます。

(iii)　準備された条項の総体

　「契約の内容とすることを目的として」とは、(3)のみなし合意の規定により、定型約款に記載された条項を契約内容とすること（契約内容に組み入れること）を目的としていることを意味します。

　「条項の総体」と規定されている通り、当該取引において中心的な条項のほかに複数の契約条項が存在することが前提とされており、飲食店のメニューやサービスの料金表など目的物と代金額のみがあらかじめ準備されていても、それだけでは定型約款が準備されているとはいえないとされています（一問一答244頁）。

　また、契約におけるサービスの内容や対価などを定める条項（「中心条項」といわれます）についても、「契約の内容とすることを目的として準備された条項」に含まれるかについては、学説では議論がありますが、中心条項の重要性は契約ごとに差異がありますし、顧客も中心条項だからといって必ずしも認識しているとはいえず、中心条項以外の条項との区別が容易ではないことから、中心条項も「契約の内容とすることを目的として準備された条項」に含まれうると考えられています（Q&A38頁）。この結果、中心条項についても、定型約款に含まれる場合には、定型約款の変更の要件（改正民法548条の4）を満たせば変更は可能ですが、要件を満たすかどうかは厳格に判断されることになります。

⑶　合意したとみなされるための要件

　定型取引をすることに合意をした者は、以下のいずれかの要件を満たした場合に、定型約款の個別条項についても当事者間で合意したものとみなされます。

---

　①　定型約款を契約の内容とする旨の合意をしたとき
または
　②　定型約款を準備した者があらかじめその定型約款を契約の内容とする旨を相手方に表示していたとき

⒤　契約の内容とする旨の合意

　定型約款を契約の内容とする旨の合意があった場合、相手方が定型約款の個別の条項を認識していなくとも、個別の条項について合意したとみなされます。相手方は、自ら契約内容の詳細を確認したいと考える場合には、定型約款準備者に定型約款の開示を請求してその内容を確認し（改正民法548条の3第1項）、その結果、契約を締結しないと

いう判断をすることも可能です。このような状況において、特定の定型約款によることを合意していれば、自己責任として、定型約款の内容に拘束されることになります。

「定型約款を契約の内容とする旨の合意をしたとき」とは、例えば、「○○約款を適用することに合意する」、「契約内容の詳細は、○○約款による」と記載した申込書を作成するなど、定型約款が適用されることについての合意がある場合をいいます。定型約款を契約の内容とする旨の合意は、黙示の合意でも足りることから、定型約款を記載した書面が契約締結と同時に交付されている場合など、特定の定型約款の適用があることが当事者にとって明らかである場合にも、定型約款を契約の内容とする旨の合意が認められると考えられます。

なお、①の「定型約款を契約の内容とする旨の合意」は、②の「表示」とは違い、「あらかじめ」との要件は要求されていません。したがって、契約締結後にこのような合意がなされたとしても、要件を満たします。具体的な合意の取得方法については、**第 6 章**を参照してください。

(ii) 契約の内容とする旨の表示

定型約款を契約の内容とする旨をあらかじめ相手方に表示していたときにも、定型約款の個別の条項について合意があるとみなされます。これは、そのような表示がされたうえで、当事者が実際に取引をしたのであれば、一般的に、当事者間において、定型約款を契約の内容とする旨の黙示の合意があったといえるためです。「定型約款を契約の内容とする旨の表示」とは、典型的には、定型約款準備者が相手方に対して、定型約款を契約の内容とする旨を記載した書面や電磁的記録を提示・交付した場合などが考えられます。

ここでの「表示」とは、定型約款を契約の内容とする旨の黙示の合意と同視できるだけの実質を備えている必要があり、取引の際に、相

手方に対して、定型約款を契約の内容とする旨を個別に示している必要があります。例えば、事業者が、単にウェブサイト上で定型約款を契約の内容とする旨を公表しているだけでは「表示」としては不十分です。インターネットを利用した取引であれば、契約締結までの間に、定型約款を契約の内容とする旨を記載した画面を、顧客に対して個別に示す必要があります。契約締結までの間に定型約款へのリンクを掲載した画面が現れることなどにより、「表示」があったといえる場合もありますが、後日顧客から「表示」の有無が争われた場合に備えて、リンクに加えて「契約内容の詳細は、○○約款による」といった文言を記載して明確に「表示」を行ったことを担保しておくことが望ましいでしょう。

　なお、鉄道・軌道・バスなどによる旅客の運送に係る取引や高速道路などの通行に係る取引については、契約により提供されるサービスの公共性が高く、極めて大量の利用者との間で速やかに契約を締結することが不可欠です。このような取引については、定型約款を契約の内容とすることの合意やその旨の表示を厳格に要求することは現実的ではなく、利用者の利便性からも、定型約款による契約の成立が容易に認められることが相当です。そこで、このような取引については、特別法（鉄道営業法、軌道法、海上運送法、道路運送法、航空法、道路整備特別措置法）により、事業者が当該定型約款によって契約の内容が補充されることをあらかじめ「公表」していれば、当事者がその定型約款の個別の条項について合意をしたものとみなされます。例えば、整備法による改正後の鉄道営業法では、以下のような規定が設けられています。

> 鉄道営業法18条ノ 2
> 鉄道ニ依ル旅客ノ運送ニ係ル取引ニ関スル民法（明治29年法律第
> 89号）第548条の 2 第 1 項ノ規定ノ適用ニ付テハ同項第 2 号中
> 「表示していた」トアルハ「表示し、又は公表していた」トス

　ここでの「公表」とは、事業者が契約の内容となることを表明し、
取引しようとする者がこれにアクセス可能な状態にあればよいと考え
られています。したがって、事業者が自社のウェブサイト上にその旨
を掲載することも「公表」にあたると考えられています（Q&A76頁）。

4　不当条項規制

> （定型約款の合意）
> 民法548条の 2
> 1　（略）
> 2　前項の規定にかかわらず、同項の条項のうち、相手方の権利
> 　を制限し、又は相手方の義務を加重する条項であって、その定
> 　型取引の態様及びその実情並びに取引上の社会通念に照らして
> 　第 1 条第 2 項に規定する基本原則に反して相手方の利益を一方
> 　的に害すると認められるものについては、合意をしなかったも
> 　のとみなす。

(1)　規定の趣旨
　定型約款によって取引をする顧客は、定型約款の内容の細部まで認
識しないまま契約を締結する場合が多いと思われますが、定型約款に
想定していなかった不当な条項が含まれていたことにより、事後的に

想定外の不利益を被ることに気付くことがあります。これまでの裁判実務においては、主に信義則や権利濫用といった一般条項や約款の合理的解釈などにより、不当な条項の拘束力が制限されてきましたが、その判断枠組みは必ずしも明らかではありませんでした。そこで、改正民法548条の2第2項により、不当な条項の拘束力を否定するための判断枠組みが明示されました。

　改正民法548条の2第2項では、条項内容の不当性と、条項の存在が相手方にとって想定外という意味での不意打ち的要素が総合考慮され、信義則に反して相手方の利益を一方的に害すると認められる場合にみなし合意の効果が否定されています。本規定によりみなし合意の効果が否定されるおそれがある例としては、過大な違約罰を定める趣旨の高額な解約手数料を定める条項や、事業者の故意または重過失による損害賠償責任を免除する条項のほか、売買契約において本来の目的になっていた商品に加えて想定外の商品の購入を義務付ける不当な抱合せ条項が規定されており、当該条項が、交渉経緯や契約に関するほかの書面などから容易に認識することができない場合などが挙げられています（一問一答252頁）。また、ほかにも、顧客の権利行使期間を制限することにより、契約により認められた当事者の権利を害し、時効期間や除斥期間など法律の定めに実質的に抵触することになるような場合（例えば、時効期間よりも大幅に短い権利行使期間を定める場合など）には、本規定によりみなし合意の効果が否定されると考えられます。

　本規定により、みなし合意の効果が否定された場合、事業者には大きな影響が生じる可能性があります。例えば、約款に定められた免責条項が本規定により合意がなかったものとみなされれば、事業者は顧客からの請求に対して免責の効果を主張することができなくなります。また、解約手数料を定める条項のみなし合意の効果が否定されれ

ば、事業者は受領済みの解約手数料の返還義務を負うことになります。

このように、本規定により条項の拘束力が否定された場合、事業者にとって大きな影響が及ぶことになります。

⑵　みなし合意が否定される要件

相手方の権利を制限し、または相手方の義務を加重する個別の条項につき、信義則に反して相手方の利益を一方的に害すると認められるときは、合意をしなかったものとみなされます。ここで、信義則に反するかどうかは、「定型取引の態様及びその実情並びに取引上の社会通念」に照らして判断されます。

まず、「定型取引の態様」という要素は、定型約款の具体的な内容を認識しなくとも、個別の条項について合意をしたものとみなされるという定型約款の特殊性を考慮したものです。この特殊性からすれば、相手方にとって予測しがたい条項が置かれており、その条項が相手方に多大な負担を課すものであるときは、相手方がその条項の内容を容易に知りえる措置が講じられていない限り、当該条項は不意打ち的なものとして信義則に反する可能性が高くなると考えられます（一問一答253頁）。

また、「定型取引の実情」や「取引上の社会通念」として、当該条項の内容のみならず、個別の取引の実情や、当該取引類型における実情、その種の取引において一般的に共有されている常識などが広く考慮されます。例えば、当該条項の内容自体は相手方に不利益を課すものであっても、他の条項も含めて取引全体としてみれば、当該条項の不利益を補うような設計になっている場合には、信義則に反しないと判断される可能性があります（一問一答254頁）。また、その種の取引において一般的に共有されている常識の例としては、鉄道会社の旅客運送約款において運行不能や一定時間以上の遅延の場合などに限り運

賃の払戻しが認められていることが挙げられます。すなわち、多少の電車遅延は不可避的に生じるところ、仮に少しの電車遅延であっても鉄道会社が利用者に対し通常の損害賠償責任を負うとすれば、その額は膨大になり、大量の利用者を低価で運送することが困難になります。また、大量の利用者と個別に賠償額を交渉することも現実的ではありません。旅客運送約款における免責規定は上記のような趣旨で置かれているものであり、このような規定が置かれていることは、一般的に共有されている常識といえるのではないかと思われます。

(3) 消費者契約法10条との違い

消費者契約法10条は、消費者の権利を制限し、または消費者の義務を加重する消費者契約の条項であって、信義則に反して消費者の利益を一方的に害するものは無効であると規定しています。同条と改正民法548条の2第2項は、どちらも信義則に反して相手方の利益を一方的に害する条項の拘束力を制限するものですが、いくつかの点で違いがあります。

まず、改正民法548条の2第2項は、B to B取引を含め、一般法として広く適用されるのに対し、消費者契約法10条は、B to C取引についてのみ適用されます。

また、考慮要素にも違いがあります。消費者契約法10条は、消費者と事業者との間には、情報の質、量および交渉力において格差があることに鑑みて条項の効力を制限するものであるのに対し、改正民法548条の2第2項は、顧客が個別の条項を認識しないまま取引が行われるという定型取引の特殊性を踏まえ、条項の拘束力を制限するものです。上記の趣旨の違いからすれば、消費者契約法10条と改正民法548条の2第2項では、重視すべき考慮要素が異なり、それにより結論に違いが生じる可能性もあるとの指摘があります（Q&A106頁）。しかし、実際にどのような場面で結論に違いが生じるかは明らかではな

く、両者の適用上の違いはそこまで大きくないものと考えられます。

　なお、消費者契約法10条が適用される場合には、当該条項は無効になりますが、改正民法548条の2第2項が適用される場合には、当該条項は合意しなかったとみなされます。消費者契約法10条は、合意が存在することを前提に、その効力を否定するものであるため、検討の順序としては、まず改正民法548条の2第2項の適用が検討され、みなし合意が否定されなかった場合にはじめて消費者契約法10条の適用が検討されるようにも思えますが、これらの条文の適用には前後関係はないと考えられています。したがって、改正民法548条の2第2項が適用されうる場合であっても、消費者契約法10条違反を理由に適格消費者団体による差止請求が認められる可能性はあります。

⑷　リスクを減らすための方策

　改正民法548条の2第2項においては、条項内容のみならず、取引行為に関連する要素も考慮要素になっています。個別の取引の実情も考慮されることからすれば、一般的には不意打ち的な内容の条項であるとしても、事業者が顧客に対して条項内容を開示し、適切な説明を行うことにより、信義則違反と判断されるリスクを減らすことができます。例えば、契約締結の際に別途口頭で説明したり、あるいは注意書きとして抜粋し別途書面を交付するなどの方法が考えられます。

　また、当該取引類型における実情として、当該条項を設ける必要性、当該条項の相当性、業界において一般にそのような条項を設ける例が多いかといった事情も考慮されます。事業者としては、後に紛争になった場合にこれらの事情を説明できるよう事前に整理をしておくべきです。

　なお、業種によっては、約款につき行政による認可や届出が求められている場合があります。もっとも、行政による認可や届出の受理は、必ずしも当該約款の個別の条項に不当条項が存在しないことを担

保するものではないため、これらの約款についても改正民法548条の
2第2項が適用される可能性はあります。

5　定型約款の内容の表示

（定型約款の内容の表示）

民法548条の3

1　定型取引を行い、又は行おうとする定型約款準備者は、定型
　　取引合意の前又は定型取引合意の後相当の期間内に相手方から
　　請求があった場合には、遅滞なく、相当な方法でその定型約款
　　の内容を示さなければならない。ただし、定型約款準備者が既
　　に相手方に対して定型約款を記載した書面を交付し、又はこれ
　　を記録した電磁的記録を提供していたときは、この限りでな
　　い。

2　定型約款準備者が定型取引合意の前において前項の請求を拒
　　んだときは、前条の規定は、適用しない。ただし、一時的な通
　　信障害が発生した場合その他正当な事由がある場合は、この限
　　りでない。

---

(1)　規定の趣旨

　相手方は、定型約款の具体的な条項の内容を認識していなくとも、
定型約款を契約の内容とする旨の合意をするか、または定型約款準備
者からあらかじめその定型約款を契約の内容とする旨を表示されるこ
とにより、定型約款の条項に拘束されることになります（改正民法548
条の2第1項）。そこで、これから取引しようとする場合はもちろん、
契約を締結した後においても、相手方には自らが拘束される定型約款
の具体的な内容を知る権利が保障されている必要があるため、定型約

款の内容の表示請求権が認められました。とくに取引をする前の段階
では、取引をするか否かの判断にあたって契約内容となる定型約款の
中身を知ることが重要であるため、定型約款準備者の不履行により定
型約款の内容を知る機会が失われた場合には、定型約款の条項につい
て合意があったとはみなされないという強力なサンクションが課され
ています（改正民法548条の3第2項）。

　なお、定型約款準備者が、定型約款を記載した書面を交付し、また
はこれを記録した電磁的記録を提供した場合（定型約款の内容を記載
したPDFをメールで送信する、データを格納したCD-ROMやDVDを顧
客に提供するなど）には、定型約款準備者は、その後相手方から定型
約款の内容の表示請求があったとしても、表示することは不要です
（改正民法548条の3第1項ただし書）。

(2)　表示請求

　相手方からの表示請求は、定型取引の合意の前または定型取引の合
意の後相当の期間内に行われる必要があります。ここで、「相当の期
間」は、それぞれの事案において個別的に判断されるものですが、一
般的には、相手方の表示請求権を過度に制約しないよう、あまり厳格
には解釈されないと考えられています。定型約款の内容を知る必要が
あるのは、主に当該取引に関して争いが生じた場合であり、一般的な
消滅時効期間を踏まえ、最終取引時から5年程度は、相当の期間内と
して、相手方に定型約款の表示請求権が認められるとする見解もあり
ます（Q&A113頁）。

　継続的な取引の場合には、少なくとも取引が継続している間は表示
請求が認められると考えられますし、契約終了から一定の期間は相当
の期間が経過していないものとして表示請求をすることが可能と考え
られます。

⑶　表示すべき定型約款

　相手方から表示請求があった場合には、定型約款の内容をすべて表示する必要があります。一部を抜粋したものを表示したとしても、表示義務を履行したことにはなりません。

　また、表示すべき定型約款は、表示請求があった時点で有効な定型約款です。したがって、相手方と定型取引の合意をした後、表示請求までに定型約款が有効に変更されている場合には、変更後の定型約款を表示する必要があります。もっとも、変更後の約款が1冊の冊子になっている必要はありませんので、変更前の約款冊子を交付するとともに、変更された内容を別途示すという方法も可能です。

⑷　定型約款の表示方法

〔i〕　相当な方法による表示

　事業者は、相手方からの表示請求に対して、「相当な方法」で定型約款を表示する必要があります。相当な方法による表示の例としては、定型約款を相手方の面前で示す、定型約款を記載した書面や定型約款のデータを格納したCD-ROMやDVDを提供する、定型約款の内容が記載されたPDFをメールで送信するなどの方法が考えられます。また、ウェブサイト上に定型約款を掲載している場合には、相手方に対して、ウェブサイトのURLやアクセス方法を示したりすることも相当な方法による表示といえると考えられています。

　なお、定型約款は、原則として、実際に相手方が閲覧できる方法で表示をする必要があります。したがって、例えば個人の顧客が、インターネットの接続環境になく、かつ、事業者もそれを認識しているような場合には、定型約款が掲載されているウェブサイトのURLやアクセス方法を示したとしても、原則として相当な方法による表示をしたとはいえません（Q&A110頁）。そのような顧客に対しては、書面を面前で示したり、書面を提供するなどして、実際に顧客が定型約款を

目にできるようにする必要があります。

　定型約款の表示方法の詳細については、**第6章**を参照してください。

　(ii)　事前の表示

　事業者の負担が過大になることを防ぐため、表示請求を受ける前に事業者が相手方に対して定型約款を記載した書面を交付し、またはこれを記録した電磁的記録を提供した場合には、事業者は、改めて相手方に対して定型約款を表示する義務を負いません。

　ここで、「電磁的記録を提供」したといえるためには、相手方がそのデータを管理し、自由に内容を閲覧できるような態様で記録を提供する必要があります。したがって、定型約款のデータを格納したCD-ROMやDVDを提供する、または定型約款の内容が記載されたPDFをメールで送信するなどすれば、電磁的記録を提供したといえます。他方、定型約款が掲載されているウェブサイトのURLやアクセス方法を示すという方法も考えられますが、事業者の都合で見られなくなる可能性がある場合には、電磁的記録を提供したとはいえません。仮にウェブサイト上で、定型約款のデータをダウンロードしてこれを保存できる機会があったとしても、相手方が実際に保存しなければ、いつでも内容を自由に閲覧できる態様にはならないため、常にアクセスができる状態でなければ電磁的記録を提供したとはいえないと思われます。

　電磁的記録の提供方法については、**第6章4(1)**を参照してください。

　(5)　表示請求を拒絶した場合の効果

　(i)　みなし合意の否定

　定型約款準備者が定型取引の合意前に相手方からされた表示請求を拒んだ場合には、みなし合意の効力は生じず、定型約款は契約の内容にはなりません。

　定型約款の内容の表示を「拒んだ」場合とは、相手方からの請求に対して事業者が明示的に表示を拒絶した場合のみならず、定型約款の表示が合理的な期間を超えて遅滞した場合も含まれます。

　一時的な通信障害が発生した場合のように、定型約款の表示ができなかったことが正当な事由による場合には、定型約款の内容の表示を拒んだことにはなりません。もっとも、定型約款の表示ができない事由が終了した場合には、速やかに定型約款の内容を表示する必要があります。

(ii)　損害賠償請求

　相手方が定型約款の表示請求をしたにもかかわらず、事業者がこれに応じない場合には、相手方は、事業者に対して、債務不履行を理由として損害賠償請求をする余地があります。このときの損害としては、例えば、定型約款の表示を受けられないことにより、契約上の権利が行使できなかったことから生じた損害が考えられます。なお、表示請求が定型取引の合意前に行われた場合にも、損害賠償請求をすることは理論的には可能ですが、この場合には、表示請求が拒絶されれば相手方は定型約款に拘束されないことになりますので、相手方に損害が発生する場面は少ないと思われます。

6　定型約款の変更

（定型約款の変更）

民法548条の4

1　定型約款準備者は、次に掲げる場合には、定型約款の変更をすることにより、変更後の定型約款の条項について合意があったものとみなし、個別に相手方と合意をすることなく契約の内容を変更することができる。

　　一　定型約款の変更が、相手方の一般の利益に適合するとき。

　　二　定型約款の変更が、契約をした目的に反せず、かつ、変更
　　　の必要性、変更後の内容の相当性、この条の規定により定型
　　　約款の変更をすることがある旨の定めの有無及びその内容そ
　　　の他の変更に係る事情に照らして合理的なものであるとき。

　2　定型約款準備者は、前項の規定による定型約款の変更をする
　　ときは、その効力発生時期を定め、かつ、定型約款を変更する
　　旨及び変更後の定型約款の内容並びにその効力発生時期をイン
　　ターネットの利用その他の適切な方法により周知しなければな
　　らない。

　3　第1項第2号の規定による定型約款の変更は、前項の効力発
　　生時期が到来するまでに同項の規定による周知をしなければ、
　　その効力を生じない。

　4　第548条の2第2項の規定は、第1項の規定による定型約款
　　の変更については、適用しない。

(1)　規定の趣旨

　民法の一般原則からすれば、契約内容を変更するには、相手方と個
別に合意することが必要です。そして、約款も契約内容となる以上、
契約締結後に約款を変更しようとする場合には、本来相手方と個別に
合意をする必要があります。しかし、定型取引においては、不特定多
数の者を相手方としており、相手方と個別に合意することは困難な場
合が多いと考えられます。また、定型取引においては、その契約内容
が画一的であることに合理性が認められるにもかかわらず、相手方の
個別の合意を得られない場合に約款の変更が認められなければ、画一
性を維持できず不都合が生じます。そこで、改正民法においては、所
定の要件を満たす定型約款の変更については、相手方の個別の合意を

要することなく、その効力が認められています。

　改正民法では、定型約款の変更の実体的要件として、①定型約款の変更が相手方の一般の利益に適合するか（改正民法548条の４第１項１号。以下、この要件を満たす変更を「利益変更」といいます）、または②契約をした目的に反せず、かつ、変更に係る事情に照らして合理的なものであることが必要とされています（同項２号。以下、この要件を満たす変更を「合理的変更」といいます）。

　次に、手続的要件として、定型約款準備者は、定型約款の変更の効力発生時期を定め、かつ、定型約款を変更する旨および変更後の定型約款の内容ならびにその効力発生時期を適切な方法により周知することが必要とされています（改正民法548条の４第２項）。この手続要件は、利益変更、合理的変更のどちらの場合であっても満たす必要があります。なお、合理的変更の場合には、要件が加重され、効力発生時期が到来するまでに周知をしなければ変更の効力が生じないこととされています（同条３項）。

　定型約款の変更の場合、変更後の定型約款の内容の合理性についても変更の実体的要件の中で考慮されることから、定型約款の内容規制に関する改正民法548条の２第２項は適用されないことが明示されています（改正民法548条の４第４項）。

　なお、ここでいう「定型約款の変更」とは、既存の顧客との定型約款を用いた契約を、契約期間中に変更することを指します。定型約款の規定を改定した場合でも、既存顧客との契約にはその効力を及ぼさず、新規契約時や更新時から新たな定型約款を用いる場合は、ここでいう定型約款の変更には該当しません。そのため、上記の手続によることなく、新規契約時や更新時から新しい約款を適用することができます。

(2)　利益変更の場合

　定型約款の変更が、相手方の一般の利益に適合するときには、通

常、相手方も変更に同意するといえることから、変更の有効性が認められています。「相手方の一般の利益に適合する」とは、契約を締結している相手方全員にとって定型約款の変更が利益になることを意味し、一部の相手方にとっては利益であるが、一部の相手方について不利益を及ぼす場合には、これに該当しないと考えられます。例としては、顧客が支払うべき利用料を一律に減額するケースや、事業者が提供するサービスの内容を顧客の金銭負担は増やさずに拡充するケースが想定されています（一問一答259頁）。

⑶　合理的変更の場合

　定型約款の変更が、相手方の一般の利益に適合するとはいえない場合、変更の効力が認められるためには、変更が契約をした目的に反せず、かつ、変更の必要性、変更後の内容の相当性、定型約款の変更をすることがある旨の定めの有無およびその内容、その他の変更に係る事情に照らして合理的なものであることが必要です。

　「契約をした目的」とは、顧客の主観的な目的を意味するものではなく、契約当事者において客観的に共有された当該契約の目的を意味します。サービス内容や対価等の中心条項について変更の度合いが大きく、顧客に重大で一方的な不利益をもたらすような場合は、「契約をした目的」に反するといえる場合もあると思われます。

　「定型約款の変更の合理性」は、事業者の事情のみならず、相手方の事情も含めて、①変更の必要性、②変更後の内容の相当性、③定型約款の変更をすることがある旨の定めの有無および内容、④その他の変更に係る事情が総合的に判断されます。

　①　「変更の必要性」については、事業者に定型約款の変更を行う必要が生じた理由や相手方から個別同意を取得することが困難かどうかといった事情が考慮されます。例えば、法令変更に伴い約款の変更が必要になる場合や、経済状況の変動に伴い対価やサービス内容の変

更が必要になる場合には、変更の必要性が認められやすいと考えられます。また、取引やサービスの内容、相手方の数や属性などを考慮し、相手方から個別同意を取得することが容易といえる場合には、変更の必要性は認められにくい（個別同意を取得するべき）と考えられます。

②　「変更後の内容の相当性」については、変更後の条項の内容が適切であるかが考慮されます。変更内容が、中心的なサービスの内容や対価など、相手方にとって重大な事項である場合には、変更後の内容の相当性は厳格に判断されます。

③　「定型約款の変更をすることがある旨の定め」については、改正民法においては、かかる定めが設けられていることは、定型約款変更の必須の要件とはされていません。もっとも、かかる定めが設けられており、かつ、変更の条件や手続がある程度具体的に規定されている場合には、相手方は定型約款の変更を予期することができるため、定型約款の変更の合理性が認められやすくなると考えられます。

④　「その他の変更に係る事情」については、相手方の不利益の程度、任意解除権の付与、猶予期間、不利益軽減措置の有無などが考慮されます。例えば、一定の契約期間が前提とされている契約において、変更に同意しない相手方に対して、契約の解除権を与えるなどの措置がとられている場合や、相手方が変更に対応するための準備期間として、変更の効力が発生するまでに相当の猶予期間を設けている場合には、合理性を基礎付ける要素となると考えられます。また、不利益軽減措置の例としては、通常、契約期間中の解除の場合は違約金の支払を求めているとしても、定型約款の変更に際しての一定期間内の解除の場合には、その支払を要しないといった措置などが考えられます。その他、契約終了に伴う他社への乗換えに関する事情も考慮要素になると思われます。すなわち、当該サービスの性質上、他社への乗換えにより同種のサービスを受けることが必要か（例えば、電気やガ

スなどの供給契約は、他社への乗換えが必須といえます）といった事情
や、市場の状況などから他社への乗換えが容易かといった事情などが
考慮されると考えられます。

　なお、⑷で後述する通り、不利益の程度によっては、周知方法が合
理性の考慮要素となる場合もあります。

　以上の通り、相手方の一般の利益に適合するとはいえない変更の場
合、諸般の事情を総合考慮して変更の合理性を判断することになりま
す。個別事情にもよりますが、変更の合理性が認められる可能性が高
いものとして、例えば、本社所在地が大阪であったため大阪地方裁判
所を専属的合意管轄裁判所とする旨の条項が存在する場合に、本社の
東京移転に伴い、専属的合意管轄裁判所を東京地方裁判所にする旨の
変更など、もとの条項の趣旨や目的からみて変更することが合理的で
ある場合が考えられます。

⑷　変更の手続的要件

　定型約款準備者は、手続的要件として、定型約款変更の効力発生時
期を定め、かつ、定型約款を変更する旨および変更後の定型約款の内
容ならびにその効力発生時期を、インターネットを利用するなど適切
な方法により周知する必要があります（改正民法548条の4第2項）。

　条文に例示されている通り、多くの場合は、インターネットを利用
した周知、すなわち、企業のウェブサイト上のわかりやすい位置に必
要事項を掲載しておくことで、適切な方法による周知を行っていると
いえると思われます。もっとも、個別の事案によっては、ウェブサイ
ト上の掲載だけでは適切な方法による周知とはいえない場合もあるの
で注意が必要です。例えば、顧客に高齢者が多く、顧客の大部分がイ
ンターネットの利用を期待できないような場合には、適切な方法によ
る周知として、個別に書面を送付することまで要求される可能性があ
ります。また、定型約款の変更により相手方に与える不利益の程度が

大きい場合には、周知方法も慎重に検討するのが望ましく、ウェブサイト上の掲載に加え、連絡可能な相手方に対して個別に電子メールにより必要事項を送信するなどの対応をとっておくことも考えられます。ほかには、相手方の不利益を軽減する措置がとられており、その措置があるからこそ定型約款の変更の合理性が認められるような場合には、不利益軽減措置の実行の機会を与えるため、各相手方に個別に書面を送付することまで要求される場合もあります。

　以上のように、事業者としては、定型取引の内容、定型約款の変更内容や想定される顧客の属性などに応じて周知方法を検討する必要があります。

7　経過措置

（定型約款に関する経過措置）

改正民法附則33条

1　新法第548条の２から第548条の４までの規定は、施行日前に締結された定型取引（新法第548条の２第１項に規定する定型取引をいう。）に係る契約についても、適用する。ただし、旧法の規定によって生じた効力を妨げない。

2　前項の規定は、同項に規定する契約の当事者の一方（契約又は法律の規定により解除権を現に行使することができる者を除く。）により反対の意思の表示が書面でされた場合（その内容を記録した電磁的記録によってされた場合を含む。）には、適用しない。

3　前項に規定する反対の意思の表示は、施行日前にしなければならない。

　改正民法が施行される2020年4月1日以降に締結される契約については、定型約款に関する規定（改正民法548条の2～548条の4）は当然に適用されます。また、定型約款に関する新しい規定は、これまで不明確であった法律関係の明確化を図るものであることから、同年3月31日までに締結された契約についても、原則として定型約款に関する規定が適用されます（改正民法附則33条1項）。

　したがって、改正前民法の下で締結された契約について、改正民法施行後（同年4月1日以降）に約款変更を行う場合には、定型約款に該当する限り、法定の要件を満たす必要があります（改正民法548条の4）。また、同日以降に顧客から定型約款の内容を表示するよう請求された場合には、これに応じる必要があります（改正民法548条の3。もっとも、すでに約款を表示していた場合に再度の表示は不要と考えられます）。

　他方で、改正民法附則33条1項ただし書により、改正前民法の下で生じた効力は妨げられないとされているため、改正前民法の下で約款を利用して締結された契約の成否や個別の条項の拘束力の有無などが争われる場合、改正前民法の下で行われた約款変更の有効性が争われる場合には、改正民法548条の2や548条の4は適用されず、改正前民法の解釈により判断されることになります（Q&A144頁）。

　原則として、改正前民法の下で締結された契約についても2020年4月1日以降は定型約款に関する規定が適用されますが、改正民法が適用されることを望まない当事者の意思を尊重すべく、当事者が同年3月31日までに書面または電磁的記録により改正前民法によることを選択する旨の意思表示をすれば、改正民法施行後も引き続き改正前民法が適用されることになります（改正民法附則33条2項・3項）。もっとも、当事者に、解除権のような契約を終了させる権限が認められている場合には、このような配慮をする必要がないため、「契約又は法律

の規定により解除権を現に行使することができる者」は反対の意思表示をすることができません（改正民法附則33条２項第１括弧書）。なお、文言上は「契約又は法律の規定」による「解除権」とされていますが、上記の趣旨からすれば、約定解除権または債務不履行による解除権のみならず、任意解除権（改正民法651条など）やそれ以外の法定解除権（商法540条など）のほか、合意解除の申入れがされているケースその他の契約の終了を生じさせる権限を有する場合は、反対の意思表示をすることができないと考えられています（Q&A147頁）。

8　損害賠償責任を免除する条項等

（事業者の損害賠償の責任を免除する条項等の無効）

消費者契約法８条

１　次に掲げる消費者契約の条項は、無効とする。

　　一　事業者の債務不履行により消費者に生じた損害を賠償する責任の全部を免除し、又は当該事業者にその責任の有無を決定する権限を付与する条項

　　二　事業者の債務不履行（当該事業者、その代表者又はその使用する者の故意又は重大な過失によるものに限る。）により消費者に生じた損害を賠償する責任の一部を免除し、又は当該事業者にその責任の限度を決定する権限を付与する条項

　　三　消費者契約における事業者の債務の履行に際してされた当該事業者の不法行為により消費者に生じた損害を賠償する責任の全部を免除し、又は当該事業者にその責任の有無を決定する権限を付与する条項

　　四　消費者契約における事業者の債務の履行に際してされた当該事業者の不法行為（当該事業者、その代表者又はその使用

する者の故意又は重大な過失によるものに限る。）により消費者に生じた損害を賠償する責任の一部を免除し、又は当該事業者にその責任の限度を決定する権限を付与する条項

五　消費者契約が有償契約である場合において、当該消費者契約の目的物に隠れた瑕疵があるとき（当該消費者契約が請負契約である場合には、当該消費者契約の仕事の目的物に瑕疵があるとき。次項において同じ。）に、当該瑕疵により消費者に生じた損害を賠償する事業者の責任の全部を免除し、又は当該事業者にその責任の有無を決定する権限を付与する条項

2　前項第5号に掲げる条項については、次に掲げる場合に該当するときは、同項の規定は、適用しない。

一　当該消費者契約において、当該消費者契約の目的物に隠れた瑕疵があるときに、当該事業者が瑕疵のない物をもってこれに代える責任又は当該瑕疵を修補する責任を負うこととされている場合

二　当該消費者と当該事業者の委託を受けた他の事業者との間の契約又は当該事業者と他の事業者との間の当該消費者のためにする契約で、当該消費者契約の締結に先立って又はこれと同時に締結されたものにおいて、当該消費者契約の目的物に隠れた瑕疵があるときに、当該他の事業者が、当該瑕疵により当該消費者に生じた損害を賠償する責任の全部若しくは一部を負い、瑕疵のない物をもってこれに代える責任を負い、又は当該瑕疵を修補する責任を負うこととされている場合

［民法改正整備法による改正後の規定］

8条

次に掲げる消費者契約の条項は、無効とする。

一～四　（略）

（※五　削除）

2　前項第1号又は第2号に掲げる条項のうち、消費者契約が有償契約である場合において、引き渡された目的物が種類又は品質に関して契約の内容に適合しないとき（当該消費者契約が請負契約である場合には、請負人が種類又は品質に関して契約の内容に適合しない仕事の目的物を注文者に引き渡したとき（その引渡しを要しない場合には、仕事が終了した時に仕事の目的物が種類又は品質に関して契約の内容に適合しないとき。）。以下この項において同じ。）に、これにより消費者に生じた損害を賠償する事業者の責任を免除し、又は当該事業者にその責任の有無若しくは限度を決定する権限を付与するものについては、次に掲げる場合に該当するときは、同項の規定は、適用しない。

一　当該消費者契約において、引き渡された目的物が種類又は品質に関して契約の内容に適合しないときに、当該事業者が履行の追完をする責任又は不適合の程度に応じた代金若しくは報酬の減額をする責任を負うこととされている場合

二　当該消費者と当該事業者の委託を受けた他の事業者との間の契約又は当該事業者と他の事業者との間の当該消費者のためにする契約で、当該消費者契約の締結に先立って又はこれと同時に締結されたものにおいて、引き渡された目的物が種類又は品質に関して契約の内容に適合しないときに、当該他

　　　　の事業者が、<u>その目的物が種類又は品質に関して契約の内容</u>
　　　　<u>に適合しないこと</u>により当該消費者に生じた損害を賠償する
　　　　責任の全部若しくは一部を負い、<u>又は履行の追完をする責任</u>
　　　　を負うこととされている場合

（下線部が変更部分）

(1)　規定の趣旨

　事業者は、事業に際して、不測の事態により消費者に損害を与えて
しまい、損害賠償責任を負わなければならない場合があります。事業
者としては、自身が負わなければならない損害賠償責任が想定外に高
額になることを防ぐ必要がありますし、消費者との間で個別に賠償額
を交渉しなければならないとすると、大きな事務コストを強いられる
ことになります。そこで、事業者としては、自身の損害賠償責任をあ
らかじめ免除するという条項を規定することが考えられますが、消費
者との間に情報の質、量および交渉力において格差があることを利用
して、不当に自らの損害賠償責任を免除してしまうと、消費者が過大
な不利益を被るおそれがあります。そこで、このような事態を防ぐた
め、事業者の損害賠償責任を不当に免除する条項は本条により無効に
なります。

(2)　債務不履行責任を免除する条項等

(i)　全部免除条項

(a)　損害賠償責任の全部を免除する条項

　契約において定めた債務が履行されなかった場合、債務者は債権者
に対して、債務不履行によって生じた損害を賠償する責任を負うとこ
ろ（改正民法415条）、消費者契約においては、債務不履行を理由とす
る事業者の損害賠償責任の全部を免除する条項は常に無効になります
（消費者契約法8条1項1号）。事業者の主観的態様は問われておらず、

債務不履行につき事業者に軽過失しかない場合にのみ事業者の損害賠償責任の全部を免除する条項も無効になります。

　ここで、「責任の全部を免除」とは、事業者が債務不履行に基づく損害賠償責任を一切負わないことを意味します。消費者契約法8条1項1号により無効になる条項例として、以下のようなものが挙げられます。

〈責任の全部免除を理由に無効になる条項〉

◆野球観戦契約約款

「主催者は、観客が被った損害のうち、主催者または主催者の職員等の故意または重過失に起因することなく発生したものについては一切責任を負いません」

　この例では、事業者の故意または重過失に起因する損害が生じた場合には、事業者は損害賠償責任を負うことになっていますが、故意または重過失に起因しない場合、すなわち、事業者の軽過失に起因する場合には、一切損害賠償責任を負わないことになっています。したがって、消費者契約法8条1項1号により無効となります。

　(b)　事業者に損害賠償責任の決定権限を付与する条項

　2018年6月8日消費者契約法改正（2019年6月15日施行）により、8条1項1号の「又は」以下に、事業者に対して損害賠償責任の決定権限を与える条項は無効とする旨が追加されました。これは、事業者が権限を適切に行使しないと、事業者が実質的に損害賠償責任を免れる結果になることから設けられた規定です。

　この規定により無効になる条項例として、以下のようなものが挙げられます。

〈事業者への権限付与を理由に無効になる条項〉
「当社が会社の調査により自らの過失があると認めた場合に限り、相手方に生じた損害を賠償します」

なお、消費者契約法8条1項2号から5号についても、2018年6月8日改正により同項1号と同じ趣旨の文言が追加されており、事業者に損害賠償責任の決定権限を付与する条項は無効になります。

(ii)　一部免除条項

(a)　賠償責任の一部を免除する条項

消費者契約法8条1項2号は、事業者に故意または重過失がある場合に、事業者の損害賠償責任の一部を免除する条項等を無効としています。事業の内容によっては、事業から発生する危険が大きい場合や、事業者に生じる損害賠償責任が過大になることが想定される場合があります。このような場合には、事業者としては、損害賠償額に上限を設けることが合理的です。もっとも、事業者に故意または重過失がある場合には、事業者の帰責性が大きく、この場合にまで損害賠償責任の一部免除を認めることは不合理であることから、事業者に故意または重過失がある場合に損害賠償責任を一部免除する条項が無効とされています。

「責任の一部を免除」とは、本来認められるべき損害賠償額の一部しか賠償しないことを意味します。典型的には、「損害賠償額は○○円とする」、「損害賠償額は、次の基準による」といったような条項です。ほかには、「事業者は、通常損害については責任を負うが、特別損害については責任を負わない」という規定についても、損害賠償額の上限を通常損害、つまり債務不履行があれば通常生じる損害の額に限定しているため、責任の一部免除にあたります。

　なお、「人的損害については責任を負うが、物的な損害については責任を負わない」という規定は、本来事業者が賠償すべき損害項目の一部を免除するものであり、責任の一部を免除するものといえそうですが、物的な損害のみが生じた場合には、事業者は一切損害賠償責任を負担しないことになるため、責任の全部を免除する条項にあたり、消費者契約法8条1項1号により無効になります。

　ほかに、消費者契約法8条1項2号により無効になる条項例として、以下のようなものが挙げられます。

〈責任の一部免除を理由に無効になる条項〉
◆結婚式場受付規約
「挙式・披露宴の際に何らかの不備が生じた場合は、該当商品の料金の返済をもってご容赦願います」

　この条項例では、事業者に故意または重過失がある場合にも、損害賠償責任が限定されている（損害賠償額の上限が該当商品の料金となる）ため、消費者契約法8条1項2号により無効となります。実務においては、この条項例のように、事業者の主観的態様を問わず、一律に損害賠償責任の一部を免除している規定が多くみられますが、そのような規定は、同号により無効になります。

(b) 無効になった場合の効果

　事業者の軽過失に基づく損害賠償責任の一部を免除する場合には、消費者契約法8条1項2号の適用はありません。そこで、上記の条項例のように、事業者の故意または重過失を問わず、一律に損害賠償責任の一部を免除している場合には、故意または重過失の場合の免除だけが無効になるのか（すなわち、軽過失の場合の一部免除は有効なままなのか）、それとも、軽過失の場合の一部免除も含めて条項全体が無

効になるのか（その結果、軽過失の場合にも事業者の責任は一切免除され
ないことになるのか）が問題となります。仮に前者であれば、事業者
としては、免責条項に「故意または重過失の場合を除き」といった文
言を入れなくても、軽過失の場合にのみ一部免除が認められるという
結論に変わりはありませんし、むしろ事業者の損害賠償責任が免除さ
れる場合をあえて広範に規定しておくことで、消費者からの請求を抑
止する効果を期待できるようにも思われます。

　この点については、前者のように故意または重過失の場合の免除だ
けが無効になるという見解もありますが（逐条解説258頁）、後者のよ
うに条項全体が無効になるという見解も有力であり（コンメンタール
147頁等）、議論は決着していません。もっとも、事業者としては、裁
判になれば、条項全体が無効になると判断される可能性があることは
念頭に置くべきですし、また、適格消費者団体から条項全体が無効で
あるとして差止請求がされる可能性もあり、そのような主張がされた
場合のレピュテーションリスクも否定できません。したがって、事業
者としては、あえて広範に責任の一部を免除する条項を規定すべきで
はなく、「故意または重過失の場合を除き」といった文言を入れ、責
任の一部免除が軽過失の場合に限定されることを明示しておくべきで
す。

⑶　不法行為責任を免除する条項等

　事業者が債務を履行する過程で不法行為をした場合、当該不法行為
から生じる損害賠償責任の全部を免除する条項や事業者に故意または
重過失がある場合に損害賠償責任の一部を免除する条項、事業者に損
害賠償責任の有無等を決定する権限を付与する条項は、無効になりま
す（消費者契約法8条1項3号・4号）。事業者の不法行為責任の全部免
除を理由に無効になる条項例として、以下のようなものが挙げられま
す。

〈不法行為責任の全部免除を理由に無効になる条項〉
◆スポーツクラブの利用規約
「会員がクラブの利用に際して生じた人的・物的事故については、会社は一切責任を負いません」

スポーツクラブは、会員に対して設備を安全に利用させる義務を負っていることから、設備の利用中に会員が怪我をした場合、会員は、債務不履行を理由にスポーツクラブに対して損害賠償を請求することもあれば、不法行為に基づいて損害賠償を請求することもありえます。一般に、免責条項は、債務不履行に基づく損害賠償責任と不法行為に基づく損害賠償責任とを区別せずに規定されている場合が多いため、消費者が債務不履行と不法行為のどちらに基づいて請求するとしても、消費者契約法8条1項1号から4号に基づき、免責条項が無効である旨主張することができます。

(4) 瑕疵担保責任を免除する条項等

(i) 民法改正前の規定

改正前民法においては、売買契約において目的物に隠れた瑕疵があった場合や、請負契約の仕事の目的物に瑕疵があった場合に、買主や注文者は相手方に対して瑕疵担保を理由に損害賠償を請求することができました（改正前民法570条・566条・634条）。このような事業者の瑕疵担保を理由とする損害賠償請求責任の全部を免除する条項または事業者にその責任の有無を決定する権限を付与する条項は、消費者契約法8条1項5号により無効になります。

なお、目的物に瑕疵があったとしても、事業者が瑕疵のない物と交換する責任または瑕疵を修補する責任を負う場合には、消費者の救済として必ずしも不十分とはいえず、消費者の利益が不合理に制約され

ているとはいえないため、このような場合には、事業者の損害賠償責任の全部を免除する条項も直ちに無効にはなりません（消費者契約法8条2項1号）。

　また、民法の規定からすれば、消費者は、自身と直接契約をした事業者（商品の販売者等）に対して瑕疵担保を理由に損害賠償を請求することができますが、当該販売者等は直接商品を製造していない場合もあり、商品について十分な知見を有していないこともあります。このような場合には、販売者等ではなく、商品の知見を有する製造者等が瑕疵担保責任を負う方が消費者の救済に資するといえるため、別途締結する消費者と製造者等との契約または消費者のためにする販売者等と製造者等との契約によって、製造者等が消費者に対して瑕疵担保責任を負うこととされている場合には、販売者等の損害賠償責任の全部が免除されていても無効にはなりません（消費者契約法8条2項2号）。

(ii)　民法改正後の規定

　民法改正により、瑕疵担保責任に関する規定が改正されました。これにより、瑕疵担保責任の概念がなくなり、「瑕疵」は、「目的物が種類、品質又は数量に関して契約の内容に適合しない」との用語に改められ（改正民法562条1項）、損害賠償請求は、債務不履行に基づき行われることになります。これを受けて、消費者契約法8条1項5号は削除されました。

　また、改正民法においては、引き渡された目的物が契約の内容に適合しない場合には、売買契約においては買主が売買代金の減額を請求することができ、請負契約においては、注文者が報酬の減額を請求することができるとされています（改正民法563条・636条）。これを受けて、消費者契約法8条2項においても、事業者がこれらの減額に応じることとされている場合には、事業者の損害賠償責任の全部を免除す

る条項は無効にならないとされています。

9　消費者の解除権を放棄させる条項等

（消費者の解除権を放棄させる条項等の無効）

消費者契約法 8 条の 2

　　次に掲げる消費者契約の条項は、無効とする。

　一　事業者の債務不履行により生じた消費者の解除権を放棄さ
　　せ、又は当該事業者にその解除権の有無を決定する権限を付
　　与する条項

　二　消費者契約が有償契約である場合において、当該消費者契
　　約の目的物に隠れた瑕疵があること（当該消費者契約が請負
　　契約である場合には、当該消費者契約の仕事の目的物に瑕疵
　　があること）により生じた消費者の解除権を放棄させ、又は
　　当該事業者にその解除権の有無を決定する権限を付与する条
　　項

［民法改正整備法による改正後の規定］

消費者契約法 8 条の 2

事業者の債務不履行により生じた消費者の解除権を放棄させ、又
は当該事業者にその解除権の有無を決定する権限を付与する消費
者契約の条項は、無効とする。

（※）第 1 号、第 2 号削除

⑴　規定の趣旨

消費者契約法 8 条の 2 は、2016年 5 月25日消費者契約法改正（2017

年6月3日施行）により新設された規定です。2016年5月25日改正前
においては、同法8条または9条に該当する場合を除いて、同法10条
によって条項の効力が判断されていました。しかし、同条の要件は抽
象的であるため、同条の適用に関し、事業者と消費者の間で争いが生
じることが多くありました。そこで、類型的に不当性が高い条項とし
て、無効となる要件を具体的に特定した同法8条の2が新設され、そ
の後2018年6月8日同法改正（2019年6月15日施行）により、事業者
に消費者の解除権の有無を決定する権限を付与する条項は無効である
旨が追加されました。

　消費者契約法8条の2により、事業者の債務不履行等により生じた
消費者の解除権を放棄させる条項および事業者にその解除権の有無を
決定する権限を付与する条項は無効になります。これは、事業者に債
務不履行等があった場合にも消費者が契約を解除できないとすると、
消費者は不当に契約に拘束され続け、不利益を受けるおそれがあるた
めです。同条により無効になる条項例として、以下のようなものが挙
げられます。

〈消費者の解除権放棄を理由に無効になる条項〉
◆進学塾の入塾約款
「いかなる場合でも、契約締結後のキャンセルは一切受け付けら
れません」

　ただし、このような条項が存在するとしても、事業者に債務不履行
があった場合に、消費者が入塾契約を解除することができる旨が別途
規定されている場合には、事業者の債務不履行により生じた消費者の
解除権を放棄させているとはいえず、消費者契約法8条の2により無
効になることはありません。もっとも、その場合でも、準委任契約で

ある入塾契約の解除権を放棄させるものであることから、同法10条により条項が無効になる可能性はあります（後記12⑶⑽、第5章6⑵）。

　なお、民法改正により瑕疵担保責任の概念がなくなり、債務不履行責任に統一されることから、消費者契約法8条の2第1号と第2号の区別がなくなります。

　⑵　適用対象

　消費者の解除権を「放棄させる」とは、事業者に債務不履行等があり、任意規定による解除の要件を満たす場合であっても、消費者に一切解除を認めないことをいいます。したがって、消費者の解除権を制限する条項（例えば、解除権の行使期間を限定する条項や、解除が認められるための要件を加重する条項、解除をする際の方法を限定する条項等）は、直ちに消費者契約法8条の2により無効になるものではありません。もっとも、そのような条項も、同法10条により無効になる可能性はあります。

10　事業者に解除権を付与する条項

> （事業者に対し後見開始の審判等による解除権を付与する条項の無効）
>
> 消費者契約法8条の3
>
> 事業者に対し、消費者が後見開始、保佐開始又は補助開始の審判を受けたことのみを理由とする解除権を付与する消費者契約（消費者が事業者に対し物品、権利、役務その他の消費者契約の目的となるものを提供することとされているものを除く。）の条項は、無効とする。

　後見開始の審判等を受けたことのみを理由として事業者に解除権が

付与されれば、消費者は、後見開始の審判等を受けたことにより、契約により得ていた便益を失い、かえって不利益を受けるおそれがあります。このような規定は、後見開始の審判等を受けた者の権利保護を目的とする成年後見制度の趣旨と抵触する側面があり、類型的に不当性が高いものといえます。建物賃貸借においてこのような条項を消費者契約法10条により無効とした裁判例（大阪高判平成25・10・17消費者法ニュース98号283頁）があることや、成年後見制度の利用の促進に関する法律（平成28年法律第29号）が制定されたことなども踏まえ、2018年6月8日消費者契約法改正（2019年6月15日施行）により、後見開始の審判等を受けたことのみを理由として事業者に解除権を付与する条項は無効になるとする規定が新設されました。同法8条の3により無効になる条項例として、以下のようなものが挙げられます。

〈後見開始等のみを理由とする解除権付与により無効になる条項〉

◆建物賃貸借契約

「乙（賃借人）が、成年被後見人、被保佐人の宣告や申立てを受けたときは、甲（賃貸人）は、直ちに本契約を解除することができます」

　消費者契約法8条の3によって無効となるのは、後見等が開始されたことのみを理由として事業者に解除権を認める場合に限られます。したがって、後見等が開始されたことのみを理由とするのではなく、後見等が開始されたことに加えて、個別に当該消費者契約の事情を考慮し、他の条件も満たす場合に解除権を付与する条項（例えば、後見開始等から一定の期間が経過しても後見人から連絡がないことを解除事由とする条項や、後見開始の審判等があったことを契機に、個別に当該消費者の状況の確認等を行い、その結果、合理的な事情がある場合に解除をす

る旨定めた条項など）は、直ちに同条に反するものとはいえないと考えられます。もっとも、条項の内容が、信義則に反して消費者の利益を一方的に害する条件となっている場合には、同法10条によって無効になる可能性があります。

11　損害賠償の額を予定する条項等

（消費者が支払う損害賠償の額を予定する条項等の無効）

消費者契約法９条

　次の各号に掲げる消費者契約の条項は、当該各号に定める部分について、無効とする。

　一　当該消費者契約の解除に伴う損害賠償の額を予定し、又は違約金を定める条項であって、これらを合算した額が、当該条項において設定された解除の事由、時期等の区分に応じ、当該消費者契約と同種の消費者契約の解除に伴い当該事業者に生ずべき平均的な損害の額を超えるもの　当該超える部分

　二　当該消費者契約に基づき支払うべき金銭の全部又は一部を消費者が支払期日（支払回数が２以上である場合には、それぞれの支払期日。以下この号において同じ。）までに支払わない場合における損害賠償の額を予定し、又は違約金を定める条項であって、これらを合算した額が、支払期日の翌日からその支払をする日までの期間について、その日数に応じ、当該支払期日に支払うべき額から当該支払期日に支払うべき額のうち既に支払われた額を控除した額に年14.6パーセントの割合を乗じて計算した額を超えるもの　当該超える部分

(1)　規定の趣旨

　消費者契約においては、事業者と消費者との間には情報の質、量および交渉力において格差があることから、契約が解除された場合や消費者に債務不履行があった場合に高額な損害賠償額の予定または違約金（以下、両者を併せて「違約金等」といいます）が設定され、消費者が不当な負担を強いられることがあります。事業者がこれらの場面を契機として利得を得ることは不合理であることから、同条1号により、当該契約と同種の消費者契約の解除に伴い当該事業者に生ずべき「平均的な損害の額」を超える部分が無効になり、2号により、金銭支払を遅延した場合における違約金等につき、支払額の年14.6%を超える部分が無効になります。

(2)　解除に伴う違約金等の定め

(i)　契約の解除に伴うものであること

　消費者契約法9条1号は、解除に伴う違約金等の支払義務を定める条項を適用対象としています。したがって、解除するか否かにかかわらず、一定の違約金等の支払義務を定める条項については、同号は適用されません。

　例えば、レンタルビデオの過重な延滞金料金を定める条項や、賃貸借契約終了後の明渡しが遅延した場合の損害金を定める条項は、契約が終了したかどうかや契約の終了事由にかかわらず違約金等を定めるものであることから、消費者契約法9条1号は適用されません。ただし、同法10条が適用される可能性はあります。

　また、契約の解除そのものを認めない条項についても、消費者契約法9条1号は適用されず、同法8条の2や10条が適用される可能性があります。例えば、学習塾の受講契約において、受講契約締結後に当該契約を取り消すことができないとの合意は、実質的に受講料の全額を違約金として没収するに等しく信義則に反するとして、同法10条に

より無効になると判断された裁判例があります（東京地判平成15・
11・10判時1845号78頁）。

(ii)　損害賠償の額の予定・違約金を定める条項

「違約金」とは、一方当事者が他方当事者に支払うべきことを約束
した金銭をいいます。違約金に関する条項は、損害賠償の額の予定の
ため、賠償の最低額を予定するため、あるいは損害賠償以外の名目で
金銭を支払わせるためといったように、さまざまな趣旨で設けられま
す。これに対し、「損害賠償の額の予定」とは、当事者が支払うべき
損害賠償の額をあらかじめ定めておくことをいいます。

民法上、違約金は、賠償額の予定と推定されます（民法420条3項）。
したがって、違約金に関する条項が、賠償額の予定と異なる内容であ
ると主張する当事者が、これを立証する責任を負います。もっとも、
消費者契約法9条1号では、「損害賠償の額の予定」と「違約金」の
両者を適用対象としているため、同号の適用の場面では、両者の区別
はそれほど重要ではありません。

消費者契約法9条1号では、条文上は、「損害賠償の額を予定し、
又は違約金を定める条項」が適用の対象とされています。もっとも、
消費者を不当に高額な金銭的負担から保護し、事業者が不当に利益を
得ることを防止するという趣旨から、「損害賠償金」や「違約金」と
いった文言の有無のみによって同号の適用対象となるかが決定される
わけではありません。条項内容を実質的にみて、解除に伴い消費者に
違約金等を負わせるのと同視できるようなものであれば、違約罰、解
約料、キャンセル料といった名目を問わず、「損害賠償の額を予定し、
又は違約金を定める条項」に該当します。

また、解除に伴い、消費者が事業者に対してすでに支払った前払金
等（例えば、着手金や前払報酬等）の返還を受けられない旨定める条項
（以下「不返還条項」といいます）についても、実質的にみれば、解除

に際して消費者に対して不当に高額な金銭的負担を課し、事業者に不当に利益を与えるものとして、違約金等を定める条項と同視できる場合があります。そこで、このような不返還条項は、どのような場合に解除に伴い違約金等を定める条項と同視され、消費者契約法9条1項の適用対象となるかが問題となります。

　裁判例は、不返還の対象となる前払金等が、事業者によって履行済みの債務に対する対価としての意味合いをもつのかどうかを重視する傾向にあります。すなわち、前払金等が、事業者が履行済みの債務に対する対価としての意味合いをもつのであれば、事業者としては、そもそも前払金等を返還する必要はなく、不返還条項は、「損害賠償の額を予定し、又は違約金を定める条項」にはあたらないと判断されています。他方、前払金等が、事業者が履行済みの債務に対する対価としての意味合いをもたないのであれば、事業者は、本来原状回復義務として前払金等を返還しなければならないはずであり、これを返還しないとする不返還条項は、違約金等を定める条項と同視され、消費者契約法9条1号が適用される可能性があります。

　不返還の対象となる金銭が、事業者によって提供済みの権利・地位に対する対価（すなわち、履行済みの債務に対する対価）としての意味合いをもつことを理由に、不返還条項は「損害賠償の額を予定し、又は違約金を定める条項」に該当しないと判断した判例として、最判平成18・11・27（民集60巻9号3437頁）があります。

〈最判平成18・11・27民集60巻9号3437頁〉
　［事案］
　大学の入学手続において納入した入学金および授業料等の金員（以下「学生納付金」という）につき、入学を辞退した学生が、既払いの学生納付金の返還を求めたところ、大学側は、いかなる

理由があっても返還しない旨の条項（以下「不返還条項」という）を理由にその返還を拒んだため、当該不返還条項が消費者契約法9条1号に反しないかが問題となった。

［結論］

学生納付金のうち、入学金部分については、消費者契約法9条1号に反しない。

［判決のポイント］

㋐　大学の入学試験の受験者の相当数が複数の大学、学部を併願受験し、合格した者は、当該大学、学部への入学についての志望の強さ、併願受験した他大学、他学部の入学試験の合否の結果あるいはその見通し、入学についての志望の強さ等を勘案して、入学金の納付を含む入学手続を行って在学契約等を締結するかどうかを決定することが通例である。

㋑　入学試験合格者は、大学と在学契約等を締結することにより、在学契約等を締結した大学から正当な理由なく、この在学契約等を解除されない地位、すなわち当該大学に入学しうる地位を確保したうえで、併願受験した他大学、他学部の入学試験の合否の結果を待って最終的に入学する大学、学部を選択する。

㋒　入学金は、その額が不相当に高額であるなど他の性質を有するものと認められる特段の事情のない限り、学生が当該大学に入学しうる地位を取得するための対価としての性質を有する。

㋓　学生は、入学金の納付をもって、当該大学に入学しうる地位を取得するものであるから、その後に在学契約等が解除され、あるいは失効しても、大学はその返還義務を負う理由はない。

　また、老人ホーム利用契約において、入居者が契約締結時に支払う
終身利用権金につき、契約解除後返還しない旨定めた条項の有効性が
争われた事案において、当該終身利用権金は、その額が不相当に高額
であるなど他の性質を有するものと認められる特段の事情のない限
り、入居予定者が当該老人ホームの居室等を原則として終身にわたっ
て利用し、各種サービスを受けうる地位を取得するための対価として
の性質を有するものであり、老人ホームは当該地位を入居予定者に取
得させている以上、入居契約解除後も、その返還義務を負うものでは
なく、不返還条項は注意的な定めにすぎないとされ、消費者契約法9
条1号により無効にはならないと判断した裁判例があります（東京地
判平成21・5・19判時2048号56頁）。

　この2つの裁判例は、いずれも、消費者に対して、利益が大きい特
別な権利・地位が与えられているものです。とくに前者の最判平成
18・11・27は、大学から学生に対して、いわゆる浪人生活を回避する
ために複数の大学・学部を受験しつつ、合格した大学については、入
学しうる地位を確保しておくという有利な権利・地位が入学金と引き
換えに与えられていることが重視されています。消費者に対し、この
ような特別な権利・地位が与えられていないにもかかわらず、安易に
「権利設定の対価」などと約款に記載し、入会金のような形式であら
かじめ徴収した高額な前払金等の返還を拒むケースがみられますが、
このような場合には、提供済みの権利・地位に対する対価と認められ
ない可能性があります。消費者に与えられる権利・地位がどのような
ものであれば、前払金等が当該権利・地位に対する対価としての性質
を有するといえるのかは必ずしも明らかではありませんが、これらの
裁判例からすれば、限定的に解釈されるのではないかと思われます。

(iii) 平均的な損害の額を超えること

(a) 「平均的な損害」の内容

「平均的な損害」とは、事業者が締結する多数の同種の契約におい
て、類型的に算定される平均的な損害の額をいいます。具体的には、
当該事業者において同種類の複数の契約が解除された場合を想定し、
解除の事由や時期等の区分ごとに当該事業者に生じる平均的な損害の
額を意味します。この「平均的な損害」は、問題となっている事業者
に生じる損害の平均値であり、当該事業者が属する業界の水準等を指
すわけではありません。

設定された違約金等が「平均的な損害」を超えるかどうかは、「当
該条項において設定された解除の事由、時期等の区分」ごとに判断さ
れます。例えば、解除の「時期」の区分の例としては、サービス提供
の何日前の解除かという視点から違約金等を区分けすることが考えら
れます。また、「解除の事由」とは、具体的な解除原因をいい、例え
ば、消費者側の自己都合による解除か、それ以外の理由に基づく解除
かで区分を設けることが考えられますが、「平均的な損害」の額の算
定に際し、消費者側の「解除の事由」という要素により事業者に生ず
べき損害の額が異なることは、一般的には考えがたいという指摘があ
ります（逐条解説277頁）。

実際に違約金等を設定する際には、「平均的な損害」を上回ること
がないようにする必要がありますが、「平均的な損害」をどのように
算定したらよいか、「平均的な損害」としてどのような損害が含まれ
るかという点については、議論があります。主に議論されているの
は、契約が解除されなければ得られたであろう利益（逸失利益）が
「平均的な損害」に含まれるか否かという点です。この点については、
裁判例でも考え方が確立されているとはいえず、学説上も争いがあり
ますが、最近の裁判例では、一般論として「平均的な損害」には逸失

利益も含まれうるとしつつ、具体的な事案ごとに個別に損害の内容を判断するものが複数存在します。事案にもよりますが、損害内容の判断に際しては、契約締結から役務提供等までの期間の長さや解除の時期、解除された場合の利益の補完可能性（解除後に代わりの契約を締結する等して、解除された契約分を埋め合わせることができるか否か）、契約締結時点における将来提供予定の役務の具体性の程度等を広く考慮する必要があります。

「平均的な損害」として逸失利益が含まれる場合には、解除がなければ得られたであろう利益から、解除により支出を免れた費用が差し引かれることにより損害の額が算定されます。他方、「平均的な損害」として逸失利益が含まれない場合は、契約締結のためにかけた費用（契約締結のための事務費用、契約締結のために割引を行った場合の割引分など）や債務の履行準備のためにかけた費用（解除までの期間中に契約履行に備えて通常負担する費用、履行準備のためにかかる通信費やコピー代等の実費、履行準備のための相談に要した費用など）の額が算定されることになります。

なお、特定商取引法や割賦販売法においては、取引の類型に応じて、契約解除に伴う違約金等の額を制限する規定が設けられています。これらの規定は、消費者契約法9条1号を具体化したものです。

(b)　「平均的な損害」に関する裁判例

前掲・最判平成18・11・27では、入学を辞退した場合、学納金の不返還について定めた条項のうち、入学金を返還しないという部分だけでなく、授業料等も返還しないとする部分についても、消費者契約法9条1号が適用されるか問題になりました。この点につき、本判決では、試験に合格した者による入学辞退（在学契約の解除）に関し、補欠合格等により入学者を補充することが可能な時点と、その後入学者の補充が不可能になった時点を区別し、前者の時点では大学に平均的

な損害は生じておらず、後者の時点では大学には学生が当該年度に納付すべき授業料等に相当する損害、すなわち逸失利益の損害が生じていると判断しています。

〈最判平成18・11・27民集60巻9号3437頁〉

［判決のポイント］

㋐　各大学においては、入学試験に合格しても入学手続を行わない者が相当数存在することをあらかじめ見込んで、入学試験を複数回実施したり、補欠合格（追加合格）等によって入学者を補充するなどの措置を講じている。

㋑　学生による在学契約の解除が、当該大学が合格者を決定するに当たって織り込み済みのものであれば、原則として、その解除によって当該大学に損害が生じたということはできない。

㋒　当該大学が合格者を決定するに当たって織り込み済みのものと解される在学契約の解除とは、学生が当該大学に入学することが客観的にも高い蓋然性をもって予測される時点よりも前の時期における解除である。

㋓　一般に、4月1日には、学生が特定の大学に入学することが客観的にも高い蓋然性をもって予測されるといえ、在学契約の解除の意思表示がその前日である3月31日までにされた場合には、原則として、大学に生ずべき平均的な損害は存在せず、不返還条項は無効となる。在学契約の解除の意思表示が同日よりも後にされた場合には、原則として、学生が納付した授業料等は、それが初年度に納付すべき範囲内にとどまるかぎり、大学に生ずべき平均的な損害を超えず、不返還条項は有効である。

　また、結婚式場・披露宴会場の利用契約において、挙式予定日の90日前までに申込みを取り消した場合には、事業者が負担した実費総額に加え、取消料として申込金10万円を支払う旨の条項の有効性が争われた事案において、挙式予定日の１年以上前に申込みを撤回しても、逸失利益は想定しがたいとして、当該条項は消費者契約法９条１号に違反して無効であると判断した裁判例があります（東京地判平成17・９・９判時1948号96頁）。

〈東京地判平成17・９・９判時1948号96頁〉

［事案］

消費者は、平成16年５月、平成17年５月28日に結婚式の挙式、披露宴の開催・運営を申し込み、申込金10万円を支払ったが、契約の６日後、本件予約を解除するとともに申込金10万円の返還を求めたところ、事業者は、結婚式場利用契約において、90日前までに申し込みを取り消した場合には、式場運営会社が負担した実費総額に加え、取消料として申込料10万円を支払う旨の予約取消料条項が含まれていることを理由に返還を拒否したため、予約取消料条項が消費者契約法９条１号に反しないかが問題となった。

［結論］

消費者契約法９条１号に反する。

［判決のポイント］

㋐　挙式予定日の１年以上前から事業者の店舗での挙式等を予定する者は、予約全体の２割にも満たず、事業者においても、予約日から１年以上先の日に挙式が行われることによって利益が見込まれることは、確率としては相当少ない。

㋑　挙式予定日の１年以上前の時点で予約が解除されたとしても、その後１年以上の間に新たな予約が入ることも十分期待し

うる時期にあることも考え合わせると、その後新たな予約が入
らないことにより、事業者が結果的に当初の予定通りに挙式等
が行われたならば得られたであろう利益を喪失する可能性が絶
無ではないとしても、そのような事態はこの時期に平均的なも
のとして想定しうるものとは認めがたいから、当該損失は、法
9条1号にいう平均的な損害に当たるとは認められない。

　これらの裁判例では、「平均的な損害」の内容を判断するにあたり、
取引の実態や解除の時期等を踏まえ、契約解除後に他の者と契約を締
結すること等により、損害を埋め合わせすることができるかどうかと
いう点を重視しています。

　また、結婚式場、披露宴会場の利用契約に関する他の裁判例には、
「平均的な損害」には、逸失利益が含まれるとしたうえで、再販率を
用いて逸失利益を計算する具体的な計算式を示すものもあり、違約金
等を予定する条項を作成する際に参考になります。

〈大阪高判平成27・1・29D1-Law28230757〉

［事案］

婚礼、披露宴の企画、運営等を業とする被告の挙式披露宴実施契
約の約款において、消費者は申込金10万円を支払い、消費者都合
による契約解除の場合には、所定のキャンセル料を支払う旨の条
項（以下「キャンセル料条項」という）が規定されていたとこ
ろ、適格消費者団体が、当該キャンセル料条項は消費者契約法9
条1号に反するとして、キャンセル料条項を含む契約の申込み、
承諾の意思表示の差止めおよび契約書用紙の破棄等を求めた。

［結論］

消費者契約法9条1号に反しない。

［判決のポイント］

㋐　消費者契約法9条1号は、損害賠償の額の算定について民法416条を前提としたうえで、消費者が不当な出捐を強いられることを防止するという法の趣旨から、公序良俗に反する暴利行為にあたるような場合でなくても、損害賠償の額の予定等を定める条項のうち「平均的な損害」の額を超える部分について無効としたものと解される。

㋑　したがって、法9条1号所定の「平均的な損害」には、逸失利益が含まれるというべきである。

㋒　本件契約の解除による逸失利益（本件逸失利益）は、本件契約が解除されなかったとした場合に得べかりし利益の基礎となる売上げであるところ、その算定は、解除時見積額に被告における本件契約に係る粗利率を乗じることで行うのが合理的である。

㋓　解除された本件契約のうち再販売があったものについては、損益相殺がされたものと認められる。再販売による売上げの平均額が解除時見積額の平均額を上回るまたは下回ることを認めるに足りる証拠はないから、損益相殺については、「解除時見積額の平均×粗利率×再販率」の計算式により算定するのが相当である。

㋔　したがって、損益相殺後の本件逸失利益は、以下の計算式により算定するのが相当である。

逸失利益－損益相殺すべき利益

＝（解除時見積額の平均×粗利率）－（解除時見積額の平均×粗利率×再販率）

＝解除時見積額の平均×粗利率×（1－再販率）

＝解除時見積額の平均×粗利率×非再販率

　ほかには、契約締結時点における将来提供予定の役務の具体性の程度を考慮した裁判例として、冠婚葬祭の互助会契約における解約金条項の有効性が争われた福岡高判平成27・11・5（判時2299号106頁）があります。冠婚葬祭の互助会契約とは、会員が将来の冠婚葬祭の実施に備えて所定の月掛金を積み立てておき、必要になった場合に互助会に冠婚葬祭に係る役務サービス等の提供を請求し、互助会がこれに応じてサービス等を提供することを内容とする契約です。冠婚葬祭の互助会契約は、契約締結後積立期間が相当の長期間にわたることから、会員が契約を途中で解約することが多く、これに備えて、加入期間等の事情を考慮して解約返戻金の額を定める条項が置かれていることが一般的です。この裁判例では、会員が互助会契約を中途解約した場合に、積立金残高から所定の手数料を差し引いた額を解約返戻金とする旨の条項の有効性が争われました。

〈福岡高判平成27・11・5 判時2299号106頁〉

［事案］

　冠婚葬祭の互助会契約（以下「本件互助会契約」という）において、会員が契約を中途解約した場合に、月掛金残高から所定の手数料を差し引いた額を解約払戻金とする旨の条項（以下「本件解約金条項」という）が規定されていたところ、適格消費者団体が、本件解約金条項は消費者契約法9条1号に反するなどとして、意思表示の差止めおよび契約書の廃棄を求めた。

［結論］

　消費者契約法9条1号に反しない。

［判決のポイント］

㋐　会員は、本件互助会契約により、掛金を支払い終えることによって冠婚葬祭の施行を受ける権利を取得し、互助会はそれに

応じて会員の請求により冠婚葬祭を施行する義務を負うことになるが、互助会としては会員から役務提供の請求を受けるまでは、冠婚葬祭の具体的な準備を要するものではなく、請求を受けるまでの間は、役務履行のための準備として会員を管理することを要するにとどまる。

(イ)　他方、会員も、互助会に対し、役務提供を請求する義務を負うものではないから、互助会としては、役務の提供に対応する利益を具体的に確保しうるものではなく、利益を上げることに対する期待も保護されるべき法的な利益とはいえない。

(ウ)　本件互助会契約における「平均的な損害」（消費者契約法9条1号）には、役務提供に必要な費用や役務提供ができなくなったことによる逸失利益は含まれない。

(エ)　契約が解除されることによって互助会に生ずる損失のうち、契約締結に要する費用、当該契約を締結したことによって生ずる費用および役務履行のための準備としてなされる当該会員の管理に要する費用が含まれる。

　この裁判例では、契約締結の時点では、冠婚葬祭の実施が確定的ではない点が重要です。裁判実務では、消費者側から、例えば結婚式の挙式契約のように、契約締結から役務提供までに期間がかなり空き、また、契約締結時点で必ずしも提供される役務の内容が明確に定まっているとはいえない場合、事業者が有する役務提供に対する期待は保護に値する法的利益とはいえない（したがって、平均的な損害に逸失利益は含まれない）と主張されることもありますが、役務が提供されること自体が確定的であれば、そのような主張が認められるハードルはかなり高いのではないかと思われます。

　また、適格消費者団体が、大手キャリア3社（NTTドコモ、KDDI、

ソフトバンク）各社に対して、それぞれ差止請求訴訟を提起したという事案があります。訴訟においては、携帯電話通信サービス契約における、いわゆる2年縛り条項（2年間の契約期間中に中途解約した場合には、約1万円の解約金を支払わなければならない旨の条項）の有効性が争われました。

---

①　NTTドコモ訴訟

原　審：京都地判平成24・3・28判時2150号60頁

控訴審：大阪高判平成24・12・7判時2176号33頁

②　KDDI訴訟

原　審：京都地判平成24・7・19判時2158号95頁

控訴審：大阪高判平成25・3・29判時2219号64頁

③　ソフトバンク訴訟

原　審：京都地判平成24・11・20判時2169号68頁

控訴審：大阪高判平成25・7・11DI-Law28212856

　それぞれ控訴審まで争われていますが、KDDI訴訟の原審のみ、2年縛り条項のうちの一部は消費者契約法9条1号に反し一部無効になると判断しており、それ以外はすべて消費者契約法9条1号、10条いずれにも反することはなく、2年縛り条項は有効であると判断しています。

　また、「平均的な損害」についての考え方も一部違いがみられます。上記大手キャリア3社では、料金プランとして、正規料金プランと割引料金プランが存在し、利用者が割引料金プランを選択した場合には、中途解約時に違約金が発生することになっていました。NTTドコモ訴訟では、原審・控訴審ともに、「平均的な損害」は、正規料金プランと割引料金プランの差額（割引分）であると判断しましたが、

これに対し、KDDI 訴訟とソフトバンク訴訟では、原審・控訴審ともに、「平均的な損害」には逸失利益も含まれることを前提に、契約した割引料金プランを継続した場合に将来得られるはずであった利益（逸失利益）が「平均的な損害」であると判断しています。このように、同種の事業者が類似の役務を提供する場合であっても、「平均的な損害」の内容が異なる場合があります。これらの裁判例がどこまで一般化できるかは難しいところですが、複数の料金プランを準備し、割引料金プランについては違約金条項で一定の期間契約継続を強いるようなサービスを提供する場合には留意が必要です。

　以上の通り、裁判例では、個別の事案ごとに「平均的な損害」の内容が判断されています。事業者としては、「平均的な損害」を前提に違約金等を設定することになりますが、争いが生じた場合に備えて、「平均的な損害」を基礎付ける資料の準備をしておくことが重要です。例えば、「平均的な損害」に逸失利益が含まれることを前提にするのであれば、設定した区分ごとに、粗利率や再販率を示すデータ、支出を免れる費用を示す資料を準備しておくべきですし、「平均的な損害」の内容として契約締結のためにかけた費用や債務の履行準備のためにかけた費用を前提とするのであれば、それらを示す資料を準備しておくべきです。

　　(c)　立証責任

　「平均的な損害の額」とは、同種の事業者において平均的に生じる損害の額を意味するのではなく、当該事業者において生じる平均的な損害の額を意味します。そして、事業者が条項において定める違約金等が平均的な損害の額を超えることは、消費者に立証責任があります。すなわち、訴訟の場では、消費者側が、違約金等が平均的な損害の額を超えることを立証しない限り、消費者契約法9条1号により違約金等を定める条項が無効になることはありません。この点、学納金

の不返還条項の有効性が争われた前掲・最判平成18・11・27も、「平均的な損害及びこれを超える部分については、事実上の推定が働く余地があるとしても、基本的には、違約金等条項である不返還特約の全部又は一部が平均的な損害を超えて無効であると主張する学生において主張立証責任を負うものと解すべきである」と判断しています。

　しかし、事業者に生じる「平均的な損害の額」は、その事業者に固有の事情であり、立証のために必要な資料は主として事業者が保有していることから、消費者による立証は容易ではありません。裁判所の訴訟指揮などにより事実上消費者の立証責任が軽減される可能性はありますが、その場合でも法的には消費者に立証責任があると解さざるをえません。そこで、かかる事態を解決すべく、消費者による平均的な損害の額の立証負担を軽減するための方策が議論されています。例えば、事業の内容が類似する同種の事業者に生ずべき平均的な損害の額を立証した場合には、その額が当該事業者に生ずべき平均的な損害の額と推定される旨の規定を設けることや、事業者において平均的な損害の額の根拠となる原資料の提出を制度的に促す仕組みを設けることなどが検討されています。これらはまだ検討段階にすぎませんが、事業者としては、このような議論があることも意識して、違約金等に関する条項を定める際には、業界における標準約款や業界水準の動向にも意識を向けたり、平均的な損害の額の根拠となる資料を準備しておくべきです。

(3)　金銭支払債務の履行遅滞を理由とする違約金等

　消費者契約において、消費者が金銭支払の履行を遅滞した場合における違約金等を定めたときは、年14.6％（単利）が上限となり、これを超える部分は無効になります（消費者契約法9条2号）。

　「当該消費者契約に基づき支払うべき金銭」とは、商品の売買代金、役務提供契約の役務の対価、立替払契約における支払など、消費者契

約から生じる金銭債務の支払遅延が発生する場合の違約金や損害賠償（遅延損害金）をいいます。キセルなどの不正乗車や電気窃盗などの詐欺行為に対して正規料金の数倍の割増金の支払が定められていることがありますが、これは不正行為に対する懲罰的規定であり、支払遅延を理由としていないことから、消費者契約法9条2号は適用されません（コンメンタール179頁）。同号については、金銭支払債務の履行遅滞を理由とする違約金等は、必ずしもパーセンテージで定められていない場合があるという点に注意する必要があります。例えば、以下のような場合です。

〈遅延損害金を固定額で定める条項〉
◆トランクルーム使用規程
「利用者が、利用料または本契約に基づく費用の償還もしくは損害賠償の支払をその支払期限の到来する月の末日までに行わなかった場合は、利用者は、2000円の遅延損害金を負担するものとします」

　遅延損害金は、遅滞に陥っている債務額や遅滞の期間などによって変わってきます。この例においても、例えば利用料が500円であるにもかかわらず、支払期限が到来した直後に2000円の遅延損害金を請求した場合、上限である14.6％を超える違約金等を請求していることになる可能性があります。

　違約金等をパーセンテージで定めている場合には、消費者契約法9条2号に違反しているかどうかはすぐに判断できますが、固定額で定めている場合には、同号に違反していないか注意して検討する必要があります。

12　不当条項を一般的に無効とする条項

> （消費者の利益を一方的に害する条項の無効）
>
> 消費者契約法10条
>
> 消費者の不作為をもって当該消費者が新たな消費者契約の申込み又はその承諾の意思表示をしたものとみなす条項その他の法令中の公の秩序に関しない規定の適用による場合に比して消費者の権利を制限し又は消費者の義務を加重する消費者契約の条項であって、民法第1条第2項に規定する基本原則に反して消費者の利益を一方的に害するものは、無効とする。

(1)　規定の趣旨

　消費者契約法8条および9条に掲げる類型以外にも、消費者の利益を一方的に害する不当条項が存在します。個別の規定を列挙することだけでは、将来発生する不当条項に網羅的に対処することは困難であるため、消費者契約の条項が無効になるための包括的なルールを定める一般条項として、消費者契約法10条が定められています。

　消費者契約法10条により、①法令中の公の秩序に関しない規定による場合に比して消費者の権利を制限しまたは消費者の義務を加重する消費者契約の条項に該当し、②民法1条2項に規定する基本原則に反して消費者の利益を一方的に害する場合に、当該条項は無効になります。

(2)　要件

(i)　法令中の公の秩序に関しない規定

　「法令中の公の秩序に関しない規定」とは、いわゆる任意規定を指します。任意規定とは、当事者間が合意すれば、その規定よりも当事

者間の合意内容が優先する規定です（任意規定は、当事者がその規定と
異なる内容の合意をしない場合に限り適用されることになります。なお、
当事者の合意に常に優先して適用され、反する合意は無効になるものを強
行規定といいます）。

　任意規定には、法令に明文化された規定だけではなく、法令に明文
化されていない一般的な法理・準則なども含まれると考えられていま
す。例えば、契約の一般法理、取引慣行、裁判例の蓄積によって一般
に承認されている考え方などです。

　この趣旨を明確化するため、2016年5月25日消費者契約法改正
（2017年6月3日施行）により、①の法令中の公の秩序に関しない規定
による場合に比して消費者の権利を制限しまたは消費者の義務を加重
する条項の例示として、「消費者の不作為をもって当該消費者が新た
な消費者契約の申込み又はその承諾の意思表示をしたものとみなす条
項」が追加されました。これは、当事者によって意思表示がされ、意
思表示の合致があってはじめて契約が成立するという一般法理が存在
するところ、消費者が意思表示をしなくとも、契約を成立させ、消費
者に義務を負わせるような条項は、任意規定である一般法理による場
合に比して消費者の権利を制限または義務を加重しているといえるか
らです。

　消費者の不作為をもって当該消費者が新たな消費者契約の申込みま
たはその承諾の意思表示をしたものとみなす条項の例として、以下の
ようなものが挙げられます。

〈不作為をもって新契約の申込みとみなす条項〉
通信販売で掃除機を購入したところ、掃除機の配送の際に健康食
品のサンプルが同封されていた。当該通信販売の利用規約には、
「継続購入が不要である旨の電話を消費者がしない限り、今後、

当該健康食品を 1 か月に 1 回の頻度で継続的に購入する契約を締結したものとみなします」との条項が規定されていた。

　なお、消費者の不作為をもって当該消費者が新たな消費者契約の申込みまたはその承諾の意思表示をしたものとみなす条項は、①法令中の公の秩序に関しない規定の適用による場合に比して消費者の権利を制限しまたは消費者の義務を加重する条項の例示にすぎません。当該条項が、②民法 1 条 2 項に規定する基本原則に反して消費者の利益を一方的に害するといえてはじめて無効になります。したがって、消費者の不作為をもって当該消費者が新たな消費者契約の申込みまたはその承諾の意思表示をしたものとみなす条項に該当する場合であっても、消費者に生じる不利益が小さいような場合には、②の要件を満たさず、条項が無効にならない可能性があります。例えば、建物の賃貸借契約や商品の定期購読契約などでは、契約期間終了前の一定期間に当事者双方から特段の申入れがなければ自動的に同一の条件で契約が更新される旨の条項が設けられていることが多くみられます。このような条項は、煩瑣な手続を回避することができるという点で消費者にとっても便利な場合もありますし、更新により消費者が受ける不利益も小さいと評価できる場合には、②の要件を満たさない場合もあると考えられます。

　他方、上記の条項例の場合、掃除機と健康食品の関係性は薄く、消費者に利益を与えるものでないことから、②の要件も満たすと考えられます。

　(ⅱ)　消費者の権利を制限しまたは義務を加重すること

　問題となっている条項がなければ、任意規定により当事者間で形成されていたであろう権利義務関係と、当該条項により定められた消費

者に不利益な権利義務関係が比較され、それらの「逸脱の程度」が検討されます。

　　(iii)　信義則に反して消費者の利益を一方的に害すること

　消費者契約法の趣旨・目的は、消費者と事業者との間の情報の質、量および交渉力の格差を是正し消費者の利益を擁護することにあります（消費者契約法1条）。信義則に反して一方的に消費者を害するかどうかは、上記のような消費者契約法の趣旨・目的に照らし、当該条項の性質、契約が成立するに至った経緯、消費者と事業者との間に存する情報の質、量および交渉力の格差その他諸般の事情を総合考慮して判断される旨明示した判例があります（最判平成23・7・15民集65巻5号2269頁）。

　消費者契約法10条の適用に際し、条項の内容自体の客観的妥当性が重視されるのは当然として、それに加え、契約締結に至る当事者の個別事情などが考慮されるかは議論があるところですが、事業者としては、紛争になった場合に備え、契約締結過程においても不合理な点がなかったといえるだけの材料を揃えておく必要があります。例えば、消費者に不利な事項を定める約款条項については、別途その内容や趣旨を約款とは別に表示して説明するなどの対応が考えられます。

　(3)　問題となりうる条項例

　消費者契約法10条は、消費者契約の条項が無効になる場合についての包括的なルールを定める一般条項であり、同法8条、9条は、類型的にみて不当性が高く、無効にすべき個別の条項をリスト化したものです。同法施行後も、予測可能性を高めるべく、無効にすべき不当条項を条文化する方向で議論がされており、一部は法改正により実現されています。現時点では条文化されていない条項についても、現行法の解釈においては、同法10条に違反すると判断される可能性があります。以下では、これまでの議論や、裁判例なども踏まえ、同条が適用

されうる条項をいくつかピックアップして説明します。

　(i)　更新料特約

　消費者契約法10条が適用された事案の多くは、賃貸借契約に関連するものです。

　更新料特約が消費者契約法10条により無効になるか判断した判例として、最判平成23・7・15（民集65巻5号2269頁）があります。この判例は、更新料特約の有効性について最高裁としてはじめて判断を示したものです。

〈最判平成23・7・15民集65巻5号2269頁〉

［事案］

居住用建物について、賃料を1か月3万8000円、更新料を賃料2か月分、更新期間を1年間とする賃貸借契約において、更新料について定める条項が消費者契約法10条により無効になるかが問題となった。

［結論］

消費者契約法10条により無効になるものではない。

［判決のポイント］

(ア)　更新料は、一般に、賃料の補充ないし前払、賃貸借契約を継続するための対価等の趣旨を含む複合的な性質を有し、更新料の支払はおよそ経済的合理性がないとはいえない。

(イ)　一定の地域において、期間満了の際、賃借人が賃貸人に対し更新料の支払をする例が少なからず存することは公知であり、従前、裁判上の和解手続等においても、更新料条項は公序良俗に反するなどとして、これを当然に無効とする取扱いがなされてこなかったことは裁判所に顕著である。

(ウ)　これからすると、更新料条項が賃貸借契約書に一義的かつ具

　　体的に記載され、賃借人と賃貸人との間に更新料の支払に関す
　　る明確な合意が成立している場合に、賃借人と賃貸人との間に
　　更新料の支払に関する情報の質および量ならびに交渉力につい
　　て、看過しえないほどの格差が存するとはいえない。

(エ)　そのような更新料条項は、更新料の額が賃料の額、賃貸借契
　　約が更新される期間等に照らし高額にすぎるなどの特段の事情
　　がない限り、消費者契約法10条にいう「民法第1条第2項に規
　　定する基本原則に反して消費者の利益を一方的に害するもの」
　　には当たらない。

(オ)　本件についてみると、上記特段の事情が存するとはいえず、
　　これを消費者契約法10条により無効とすることはできない。

　この判例では、問題となる条項の性質や額の過大性という契約内容
だけでなく、条項の記載方法をはじめ契約締結時の環境的要因も実質
的に考慮して、消費者契約法10条の適用の有無が判断されています。
同条の適用に際しては、上記の要素が実質的に検討される可能性があ
ることに注意が必要です。

　(ⅱ)　事業者に権限を付与する条項

　消費者契約においては、契約文言の解釈や権利・義務の発生要件該
当性またはその内容についての決定を一次的に事業者に委ねる条項が
規定されることがあります。民法の原則によれば、当事者は、合意し
た契約内容に拘束されますが、事業者に契約内容に関する解釈・決定
権限が認められると、消費者は、契約締結時に予想していなかった内
容に拘束され不利益を被るおそれがあります。2018年6月8日消費者
契約法改正（2019年6月15日施行）により、事業者の損害賠償責任お
よび事業者の債務不履行により生じた消費者の解除権について、事業
者にその有無等を決定する権限を付与する条項は無効になりましたが

（同法 8 条・8 条の 2）、これに該当しない場合であっても、事業者に対して解釈・決定権限を付与するような条項は、同法10条により無効になる可能性があります。例えば、以下のような条項は同条により無効になる可能性があります。

〈事業者への権限付与が問題となる条項〉
◆英会話学校の規約
「当社が必要と認めた場合、お客様が通う教室を変更します」
◆結婚式場の利用規約
「当ホテルは、他のお客様にご迷惑をおかけすると当ホテルが判断した場合、ご宴会のお申込みをお断りするか、既にご契約いただいた場合でも解約させていただくことがあります」

　もっとも、事業者が権限をもって決定する事項は、消費者の利益にはあまり影響しない事務的な事項の場合もありますし、事業者に権限を認めて裁量をもたせることが、むしろ消費者の利益になることもあります。また、法令の改正や社会環境の変化などに迅速かつ低コストで対応することで、サービスの安定的な供給が可能になる場合も考えられます。結局のところ、このような事業者に権限を付与する条項の有効性は、契約の内容や性質、権限付与の趣旨、事業者の権限の範囲、権限行使により消費者が被る不利益の内容や程度、権限行使に関する消費者の予測可能性、消費者が契約関係から離脱する機会や事業者が行った解釈・決定に事後的に異議を述べる機会の有無などが総合的に考慮されることになると思われます。
　例えば、死亡保険契約の約款では「被保険者の生死が不明の場合でも、保険会社が死亡したと認めたときは、死亡保険金を支払うことがあります」といった条項が規定されることがあります。本来であれ

ば、保険会社としては、被保険者の生死が不明な間は、保険金を支払わないという判断もありうるところ、このような条項は、保険会社の裁量により保険金を支払う場合を拡大するものであり、消費者の利益を図る条項といえます。よって、このような条項は、消費者契約法10条に違反し無効になることはありません。

　ほかには、インターネット上でサービスを提供する取引において「当社が悪質な利用者と認めた場合、当社は当該利用者によるサービスの利用を停止する場合があります」といった条項が規定されることもあります。事業者の判断により、悪質な利用者と認められた者は、契約上認められたサービスを利用できる地位を失うおそれがあり、利用者に大きな不利益が生じます。もっとも、インターネット上のサービスの提供においては、例えば一部の利用者の行為により他の利用者の利益が害される場合や、セキュリティー上の問題によりサービスの安定した供給に影響が及ぶ場合も考えられ、事業者に一次的な解釈・決定権限を認め、迅速な対応を可能にしておく必要があります。この例では、サービス内容や、悪質な利用者に対してサービスの利用を停止する必要性の程度などが重要になると思われますが、事業者としては、利用者の予測可能性を高めるために、サービスの利用停止の前に事前通知をしたり、約款において「悪質な利用者」の該当例を明示したりすることが考えられますし、権限を合理的な範囲に限定するために、「相当の事由をもって当社が悪質な利用者と認めた場合、当社は当該利用者によるサービスの利用を停止する場合があります」といった条項にしておくことも考えられます。

(iii)　消費者の解除権の放棄・制限条項

　事業者の債務不履行により生じた消費者の解除権を放棄させ、または当該事業者にその解除権の有無を決定する権限を付与する条項は、消費者契約法8条の2により無効になります。もっとも、債務不履行

により生じた消費者の解除権を一定の範囲に制限する条項について
は、同条は適用されません。

　また、消費者の解除権は、事業者の債務不履行以外の理由に基づき
発生することもあります。例えば、民法651条1項において、委任契
約は、各当事者はいつでもその契約を解除することができるとされて
いるように、任意規定によって消費者に解除権が生じることがありま
すが、この解除権を放棄させたとしても、消費者契約法8条の2は適
用されません。

　しかし、債務不履行により生じた消費者の解除権を制限する条項
や、債務不履行以外の理由に基づき発生した消費者の解除権をあらか
じめ放棄させまたは制限する条項は、消費者契約法10条により無効に
なる可能性があります。例えば、以下のような条項は、同条により無
効になる可能性があります。

〈消費者の解除権の放棄が問題となる条項〉
◆資格試験予備校の受講契約
「本人の死亡もしくは重大な疾病またはクーリングオフによる場
合を除き、受講契約後の解約・返金を認めません」
◆自動車買取約款
「当社に債務不履行があった場合、契約者は、契約締結後30日以
内に限り、契約を解除することができます」

　裁判例では、大学受験予備校の講習受講契約および模擬試験受験契
約の解除を制限する特約は、消費者契約法10条により無効であるとし
て既払の受講代金および受験料の返還請求を認めたものがあります。

〈東京地判平成15・11・10判時1845号78頁〉

［事案］

冬期講習受講契約や年間模試受験契約における受講契約の取消し
や受講コースの変更等を一切認めない旨の特約が消費者契約法10
条により無効になるかが問題となった。

［結論］

消費者契約法10条により、特約は無効である。

［判決のポイント］

(ｱ)　本件冬期講習受講契約および年間模試受験契約は、それぞれ
準委任契約であり、民法上は当事者がいつでも契約を解除する
ことができるとされているが（民法651条・656条）、本件解除
制限特約は解除を全く許さないとしているから、同特約は民法
の公の秩序に関しない規定の適用による場合に比し、「消費者
の権利を制限」するものであるということができる。

(ｲ)　たとえ本件予備校が小規模、少人数の教育をめざす大学医学
部専門の進学塾であって、申込者からの中途解除により講師の
手配や講義の準備作業等に関して影響を受けることがあるとし
ても、当該冬期講習や年間模試が複数の申込者を対象としてお
り、その準備作業等が申込者1人の解除により全く無に帰する
ものであるとは考えられない以上、申込者からの解除時期を問
わずに、申込者からの解除を一切許さないとして実質的に受講
料または受験料の全額を違約金として没収するに等しいような
解除制限約定は、信義誠実の原則に反し、「民法1条2項に規
定する基本原則に反して、消費者の利益を一方的に害する」も
のというべきである。

(ｳ)　よって、本件冬期講習受講契約について成立した本件解除制

> 限特約および仮に年間模試受験契約についても成立したと仮定
> した場合の同特約は、消費者契約法10条により無効である。

　この裁判例では、講習受講契約および模擬試験受験契約の内容や性質、消費者の解除権を認めないことの必要性などが重視されています。消費者の解除権をあらかじめ放棄させ、または制限する条項の有効性は、契約の内容や性質、解除権の放棄または制限の必要性、解除権の放棄または制限の内容が相当なものとなっているかといった事情が総合的に考慮されることになると思われます。例えば、契約内容が特殊であり、契約を解除された場合にほかの消費者との間で代替契約が締結される可能性がないような場合には、解除権の放棄または制限を認める必要性が高いと考えられます。他方、上記の講習受講契約や模擬試験受験契約のように、一度に多数の消費者と契約を締結することが予定され、契約内容の個別性が問題とならない場合には、必ずしも解除権の放棄または制限の必要性は高いとはいえないと思われます。また、消費者にとって解除をすることがやむをえない場合にも、消費者の解除権が放棄させられ、または制限されている場合には、解除権の放棄または制限の内容は相当ではないと判断される可能性が高まります。

　合理的な理由に基づき解除権を制限する条項として、例えば、国際電話の利用約款における「利用者は、○日前までの書面による通知により、国際電話の利用契約を解除することができます」といった条項が考えられます。この条項は、解除の方法および期間を規定することにより、消費者の解除権を制限するものですが、国際電話の利用契約においては大量の消費者が世界各国に存在するところ、このような消費者との契約関係を画一的かつ迅速に処理するためには、解除の方法および期間を制限する必要性が高いと考えられます。また、通知期間

として合理的な期間が設定されている場合には、制限内容も相当なものとして、消費者契約法10条により無効と判断される可能性は低いと考えられます。

　(iv)　事業者に解除権・解約権を付与する条項

　消費者契約法8条の3により、事業者に対して、消費者が後見開始の審判等を受けたことのみを理由として解除権を付与する条項は無効になります。同条に該当しなくとも、事業者に法律に基づかない解除権・解約権を付与しまたは事業者の法律に基づく解除権・解約権の行使を緩和する条項は、同法10条により無効になる可能性があります。例えば、以下のような条項は、同条により無効になる可能性があります。

〈事業者への解除権付与が問題となる条項〉

◆建物を賃借する際の保証会社との保証契約

「契約締結後1か月以内に電話番号を当社に通知しない場合には、契約を解除します」

◆インターネットサービス会員規約

「会員として不適切と当社が判断した場合、当社は事前に通知することなく、直ちに当該会員との契約を解除することができるものとします」

　特段の理由なく事業者に対して法律に基づかない解除権・解約権が付与され、または事業者の法定の解除権・解約権の行使が緩和された場合、消費者は、意図せず契約関係からの離脱を強いられるおそれがあります。他方で、事業者側としては、事業者側からの解除を容易にし、契約関係を解消する手段を確保しておくことが必要な場合もありえます（例えば、契約の解除をしないと事業者の事業活動に不当な支障が

生じる場合や、対価を回収することができないリスクが生じる場合など）。
このような条項の有効性は、契約の内容や性質、消費者が被る不利益
の内容、事業者による解除を容易にする必要性、事業者の解除権・解
約権の内容の相当性や消費者に対する不利益軽減措置の有無などが総
合的に考慮されて判断されることになると思われます。なお、解除
権・解約権の行使にあたり事業者に認められる裁量が広い場合には、
前記(ii)の観点も併せて問題となります。

　判例では、保険料の払込みがされない場合に生命保険契約が催告な
しに失効する旨を定める約款の条項が、消費者契約法10条に違反する
か争われたものがあります。

〈最判平成24・3・16民集66巻5号2216頁〉

［事案］

消費者と保険会社との間の生命保険契約において、2回目以降の
保険料の払込みについては、払込期月の翌月の初日から末日まで
を猶予期間とし、猶予期間内に保険料の払込みがないときは、保
険契約は猶予期間満了日の翌日から効力を失うという条項（以下
「本件失効条項」という）が消費者契約法10条により無効になる
かが問題となった。

［結論］

本件失効条項が消費者契約法10条により無効とした原審判決を破
棄し、原審に差戻し

［判決のポイント］

(ｱ)　民法541条の定める履行の催告は、債務者に債務不履行が
　　あったことを気付かせ、契約が解除される前に履行の機会を与
　　える機能を有するものであるところ、本件失効条項によって保
　　険契約者が受ける不利益は、決して小さなものとはいえない。

㈡　本件保険契約においては、保険料の払込みが遅滞しても直ち
　　に契約が失効するものではなく、債務不履行状態が猶予期間内
　　に解消されない場合にはじめて失効する旨が明確に定められて
　　いるうえ、猶予期間は民法541条により求められる催告期間よ
　　りも長い1か月とされている。

㈢　払い込むべき保険料等の額が解約返戻金の額を超えないとき
　　は、自動的に保険会社が保険契約者に保険料相当額を貸し付け
　　て保険契約を有効に存続させる旨の本件自動貸付条項が定めら
　　れている。

㈣　仮に保険会社において、本件保険契約の締結当時、保険料支
　　払債務の不履行があった場合に契約失効前に保険契約者に対し
　　て保険料払込みの督促を行う態勢を整え、そのような実務上の
　　運用が確実にされていたとすれば、通常、保険契約者は保険料
　　支払債務の不履行があったことに気付くことができる。

㈤　多数の保険契約者を対象とするという保険契約の特質をも踏
　　まえると、本件約款において保険契約者が保険料の不払をした
　　場合にも、その権利保護を図るために一定の配慮をした定めが
　　置かれていることに加え、保険会社において上記のような運用
　　を確実にしたうえで本件約款を適用していることが認められる
　　のであれば、本件失効条項は信義則に反して消費者の利益を一
　　方的に害するものに当たらない。

　本件では、保険会社が、保険契約締結当時、保険料支払債務の不履
行があった場合に保険契約者に対して保険料払込みの督促を行う態勢
を整え、そのような運用をしていることを考慮要素の1つとしていま
す。この判例をもって、消費者契約法10条の適用の判断に際して、条
項内容のみならず、事業者における実務上の運用などまで考慮される

ことが示されたといえるかは議論がありますが、事業者としては、事業者の解除権行使の要件を緩和することに伴い、実務上の運用により相手方の不利益に配慮した手当てをしているような場合には、後日紛争になった場合に備え、当該実務上の運用を立証できるように証拠化しておくべきです。

　⒱　人身損害の賠償責任を免除する条項

　事業者の軽過失に基づく債務不履行または不法行為によって生じた損害について、事業者の損害賠償責任の一部を免除する条項は、消費者契約法8条によっては無効になりません。もっとも、消費者の生命または身体に生じた損害（以下「人身損害」といいます）については、生命・身体の法益としての重要性に照らし、事業者の軽過失に基づくものであっても、一部免除条項は同法10条により無効になる可能性があります。例えば、以下のような条項は、同条により無効になる可能性があります。

〈人身損害の免責が問題となる条項〉

◆美容外科病院における誓約書

「手術内容と手術費用について医師から説明を受け、十分納得し同意しました。貴院に故意または重過失のない限り、貴院に対する損害賠償請求は、貴院が受領した手術費用を超えて行わないことを誓約します」

◆フィットネスクラブの会則

「本クラブの施設利用に際して本人または第三者に人的・物的事故が生じた場合、本クラブに故意または重過失があった場合を除き、本クラブが負う損害賠償の額は、次の基準によります。会員が同伴したビジターについても同様とします」

　他方で、事業の性質上、事業者の損害賠償責任の一部を免除することが必要な場合もあります。例えば、鉄道等の旅客運送契約や電気通信サービスのように、事業の性質上、広範な消費者に対して低廉な価格でサービスを提供している場合にも、一部免除条項が無効になるとすれば、サービス提供が困難になる可能性があります。また、被災地におけるボランティアの運送契約や、運送により生命または身体が危険にさらされる重病者を運送する場合など、消費者が人身損害のリスクを引き受けて契約を締結しているといえる場合もあります（2018年商法改正により、旅客の人身損害に関する運送人の損害賠償責任を免除し、または軽減する特約は無効になる旨定められましたが、運送の遅延を主たる原因とする人身損害については適用除外されており、また、大規模な火災、震災その他の災害が発生し、または発生するおそれがある場合において運送を行う場合および運送に伴い通常生ずる振動その他の事情により生命または身体に重大な危険が及ぶおそれがある者の運送を行う場合も適用除外とされています〔商法591条〕）。

　このような人身損害に関する事業者の損害賠償責任の一部を免除する条項の有効性は、当該契約の内容や性質、免除の必要性、免除される範囲の相当性、消費者によるリスクの引受けの有無などの事情を総合的に考慮のうえ判断されることになります。

　裁判例では、プロ野球試合中のファウルボールに関する免責条項が消費者契約法10条により無効になるかが争われた事例があります。

〈札幌高判平成28・5・20判時2314号40頁〉
［事案］
プロ野球の試合の観客にファウルボールが当たって傷害を負ったという事案において、主催者等の故意または重過失に起因する損害以外は治療費等の直接損害に限定され、逸失利益その他の間接

損害および特別損害は損害賠償の範囲に含まれないとする条項が
消費者契約法10条により無効になるかが問題となった。

［結論］

消費者契約法10条により無効の疑いあり。

［判決のポイント］

主催者側が試合中にファウルボールが観客に衝突する事故の発生
頻度や傷害の程度等に関する情報を保有しうる立場にあり、ある
程度の幅をもって賠償額を予測することは困難ではなく、損害保
険または傷害保険を利用することによる対応も考えられることか
らすれば、このような対応がないまま本件免責条項が本件事故に
ついてまで適用されるとすることは、消費者契約法10条により無
効の疑いがある。

　スポーツの実施や観戦では、一定の危険の発生が予見できるとして
も、消費者としては、必ずしも人身損害発生のリスクまで引き受けて
いるとまではいえない場合もあると思われます。この裁判例のよう
に、類型的に消費者の人身損害の発生が予見され、かつ事業者側に人
身損害に関する情報が蓄積されているような場合には、保険なども活
用しつつ、事業者の責任を免除する範囲を合理的なものにとどめてお
く必要があります。本件では、例えば、「人身損害に関する事業者の
賠償責任は、事業者が加入する損害保険契約によって支払われる額の
限度とする」といった条項とすることも一案です。

実 践 編

　「**I　基本編**」では、約款をめぐる理論と法律について説明してきました。「**II　実践編**」では、事業者が実際に約款の作成・運用・見直しをするにあたって、担当者の方に確認してもらいたい手順や注意事項を解説します。

1　約款を作成するにあたって

　事業者が新たに約款を使ったビジネスを行うことになった場合、どのような規定を設ければよいでしょうか。まずは他社が同種のビジネスで使用している約款を参考にすることも考えられますが、他社の約款と同じ規定を入れておけば問題ないという保証はありません。

　約款を作成する際に重要なことは、法務担当者など管理部門だけで検討するのではなく、その取引をよく知る担当者とともに、以下のような手順で検討を進めていくことです。

　また、この検討手順は、既存の約款を見直す際にも共通します（約款の見直しについての考え方は**第8章**で解説します）。

　この手順で検討していくことで、他社の約款を参考にしつつ、必要な条項が抜けていないか、自社のビジネスに合わない条項が入っていないか確認でき、条項の不備によるトラブルの防止につながります。

①　まず一般的な約款に含まれる条項を網羅する（**第4章1(1)**）

②　自社の商品・サービスの内容と取引の実態について情報収集する（**第4章1(2)**）

③　想定される顧客の属性を確認する（**第4章1(2)**）

④　業界特有の規制やガイドラインなどがないか確認する（**第5章15**）

⑤　①〜④を踏まえ、一般的な約款条項に追加すべき事項を整理する（**第5章**）

⑥　消費者契約法などの法律に抵触する条項がないか確認する（**第4章2**）

2 約款を運用するにあたって

　約款の作成だけでなく、実際に約款に基づく契約締結や商品・サービス提供の運用が適切に行われているかを確認することも重要です。とくに、以前は行われていた約款の交付が省略される、契約の方式が申込書からパソコンやスマホに変わる、代理店取引から直販に変わるなど、ビジネスの形態の変化に対応しきれておらず、知らない間に法律に違反する状態になっていることも珍しくありません。

　そこで、実際に契約の締結方法や顧客窓口の担当者がどのように約款を運用しているかを定期的に確認することが重要になります。その際には、以下のような手順でチェックを行い、法律に従って適切に約款の運用がされているか、社内のマニュアルに沿った対応が行われているかなどを確認し、さらに約款の条項の見直しの要否について検討する必要があります。

①　契約締結時に約款を契約内容とするための手続などの運用を確認する（第6章2～4）

②　契約締結後に約款の交付を求められたり、約款の内容に関する問い合わせを受けたりした場合の運用を確認する（第6章3～7）

③　約款の内容を変更する場合の運用を確認する（第8章4）

④　社内マニュアルとの乖離がないかを確認し、マニュアルの整備・遵守などの適切な運用のための社内体制を確保する

⑤　約款の運用に関する苦情を集約して必要な改善を行う（第8章2）

3 約款を見直すにあたって

　ひとたび約款を作成して運用を始めても、そのままの約款をいつまでも使い続けることはできません。約款も常にメンテナンスが必要です。

　ところが、約款を見直すといっても、どこから手をつければよいの
か、約款を修正することで別の問題が起きないかといった疑問もある
と思います。そこで、約款の内容を見直す際の以下の手順を、**第8章**
において解説しています。

　①　約款の中に必要な条項が網羅されているか、法律に適合した内
　　　容であるかを確認する（作成時と同様の作業）

　②　約款の適用や取引に関するトラブル情報を集約するための社内
　　　体制を確立する（**第8章2(1)**）

　③　トラブルを教訓として、その再発防止のために約款を見直す
　　　（**第8章2(2)**）

　④　最新の法律改正や判例の変更に関する情報を入手して約款を見
　　　直す（**第8章2(3)**）

　⑤　①～④を踏まえ、修正の必要があれば約款の修正案を作成する
　　　（**第8章3**）

　⑥　約款を実際に変更する際の方法について検討する（**第8章4**）

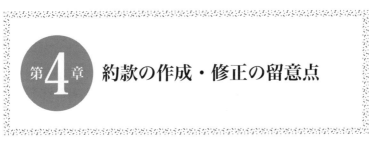

第4章 約款の作成・修正の留意点

1 約款の作成・修正の手順

(1) 一般的な条項の網羅

まず、約款の作成や修正にあたっては、約款に一般的に規定される条項が網羅されているかを確認することから始めるのがよいでしょう。

一般的に、企業が商品・サービスを販売・提供する際に用いる約款には、以下のような条項が設けられています（各条項の必要性やドラフティングに関する具体的な留意点については、**第5章**で詳しく解説します）。

① 定義

② 商品・サービスの内容（顧客の権利）

③ 商品・サービスの購入・利用条件（顧客の義務）

④ 顧客の禁止事項

⑤ 商品・サービスの中止・廃止

⑥ 契約の解除

⑦ 事業者の免責

⑧ 顧客が支払う違約金・損害賠償の予定

⑨ 個人情報の取扱い

⑩ 反社会的勢力の排除

⑪ 譲渡禁止

⑫　契約期間

⑬　準拠法・紛争解決

⑭　約款の変更

⑮　その他（秘密保持・知的財産権の取扱い・業法によって要求される条項など）

⑯　附則

　ただ、約款の作成・修正にあたっては、一般的な約款の条項をそのまま流用するだけでは不十分です。具体的な商品・サービスの内容や取引の実態、想定される顧客の属性を反映した約款を作成する必要があります（後記⑵）。

⑵　自社に合わせた調整

⒤　自社の商品・サービス・取引実態の把握

　約款の内容は商品・サービスの内容と取引の実態に即したものにする必要があります。とくに、長年続いているビジネスで使用している約款を見直す場合は、取引の実態が変化しており、現在は行われていない取扱いを約款に規定してしまっている場合があります。

　約款の作成や修正にあたっては、契約の締結から終了後の措置に至るまでの流れと、取引の過程で生じるトラブルの内容を把握して、約款の条項に過不足がないかを確認する必要があります。

⑪　顧客属性の確認

　約款を使った取引において想定される顧客が、消費者なのか事業者なのかによって、必要とされる条項の種類・内容は変わってきます。

　事業者が消費者に対して商品・サービスを提供する場合（B to C取引）には、約款は消費者契約法の適用を受け、事業者間で商品・サービスを提供する場合（B to B取引）よりも厳しい不当条項規制の対象となります（第3章8～12）。したがって、想定される顧客が消費者の場合、約款は消費者契約法の規制に抵触しないようにする必要があります。

　顧客が消費者と事業者の両方である場合、消費者と事業者とで契約締結の窓口が明確に分けられているのであれば、消費者向けと事業者向けの約款をそれぞれ用意して使い分ける方法と、消費者契約法の規制に沿った一種類の約款のみを用意して、消費者・事業者の双方に同一の約款を使用する方法が考えられます。一方、窓口が明確に分けられていない場合には、顧客が消費者か事業者かを見極めるのは困難なことも多いため（**第3章1⑵⒤⒞**）、消費者契約法の規制に沿った一種類の約款を用意しておくべきであると考えられます。

　また、両者のいずれが顧客である場合も、約款の内容は、平均的な顧客層が理解可能なものとする必要があります。通常の契約であれば、当事者間で契約交渉が行われるため、その交渉経過をもとに契約書の解釈が行われますが、約款による取引の場合はそのような契約交渉は想定されません。そのため、専門用語を多用して平均的な顧客層にとって理解が困難な条項を設けると、作成者不利の原則（**後記2⑴**）などによって、想定通りの条項の効果が認められない場合があります。商品・サービスに関する専門用語は、事業者は当然のものとして無意識に使用しがちで、かつ便利なものですが、専門用語を説明する定義規定を明確に設けるなどして、平易な記載を心掛ける必要があります。

2　条項作成の一般的な留意点

⑴　条項の明確性

　通常の契約書においても、各条項を明確に記載することは紛争予防のために重要ですが、約款においては、各条項をより明確に記載するよう心掛ける必要があります。

　とくに、「約款は一方当事者が一方的に作成したものであるから、約款の内容があいまいで、いかなる方法によっても解釈することがで

きない場合には、このあいまいな規定を作成した約款準備者の不利に解釈すべきである」という考え方があります（一般的に「作成者不利の原則」や「条項使用者不利の原則」などと呼ばれます）。「作成者不利の原則」は必ずしも確立されたものとはいえないものの、約款の解釈に関わる訴訟において主張されることもあり、裁判例の中でもこのような考え方に言及しているものがみられます（「作成者不利の原則」をめぐる詳細な議論は**第9章**）。したがって、事業者としては、約款において不明確な文言の使用を避けるべきであり、他の解釈の余地を残さない明確な表現で約款の条項を規定することが重要です。

　では、具体的にどの程度明確な表現であればよいかについて、裁判例では、ある程度抽象的な条項であっても、重要な目的のために必要かつ相当な条項といえれば、その有効性が認められる傾向にあります。例えば、以下のような条項の有効性が争われた裁判例（東京地判平成21・9・16ウエストロー・ジャパン）があります。

〈条項の明確性が問題となる条項〉
◆多人数同時参加型オンラインゲームの運営会社のネットワーク
　利用規約
「当社は、アップロード情報が、当社または他のユーザーに何らかの不利益・迷惑などを及ぼすものであると認める場合は、アップロード情報を、いつでも、当社の裁量において、当該ユーザーへの事前通知を行うことなく、削除することができるものとします」
「ユーザーは、本サービスのご利用を通じて、中傷・嫌がらせ・わいせつなど、他のユーザーが嫌悪感を抱く、またはそのおそれのある内容の掲載・開示・提供・送付・送信などの行為を行ってはならないものとします」

　この事例では、ゲームにおいて不適切な行為やその対応策をあらかじめ具体的かつ網羅的に列挙することは実際上不可能であり、ある程度包括的な定め方ないし記載となったとしても、過度に広汎ないし不明確にわたるものでない限り、やむをえないとして、ゲーム運営会社に一定の裁量が認められました。

　しかしながら、約款を恣意的に運用しているとの疑いを避けるためには、可能な限り条項内に具体例を列挙して、利用者の予測可能性を高める工夫をしたほうがよいでしょう。

　また、この事例でも「当社または他のユーザーに何らかの不利益・迷惑などを及ぼすものであると認める場合」といった文言が用いられていますが、約款においては、「当社の判断により、○○を実施することがあります」といった文言により事業者に対して幅広い決定権限・裁量を認める条項がよくみられます。こういった文言も条項の明確性との関係で問題になります（消費者契約法との関係でも有効性が問題になります。**第3章12⑶(ii)**）。このような事業者に対して幅広い決定権限・裁量を認める条項のうち、顧客に不利益な決定を伴うものは、改正民法548条の2第2項の不当条項（**第3章4**）に該当するおそれがあり、また、約款を恣意的に運用しているとの疑いを顧客にもたれるおそれもあります。どうしてもそのような文言を置く必要性がある場合には、顧客に予測可能性を与えるために、どのような場合に事業者が決定権限を行使するのかの例を挙げたり、顧客に対する事前の通知や異議を述べる機会の付与など顧客の不利益を減らすような措置を設けたりするべきです。

　例えば、「当社が、お客様が会員資格を有する者として不適切であると判断した場合、いつでもお客様の会員登録を抹消することができます」といった条項であれば、どのような場合に不適切と判断されるのか条項からは一切わからず、顧客への事前の通知も義務付けられて

おらず、顧客にとっての予測可能性が極めて低いといえます。

　一方、「当社は、お客様が以下の各号のいずれかに該当する場合、お客様に事前に通知のうえ、会員登録を抹消することができます。

　１．申込時に当社に対して虚偽の情報を申告したとき。

　２．本サービスの利用料金の支払を怠ったとき。

　３．本規約において禁止されている行為を行ったとき。

　４．その他会員として不適切であると当社が判断したとき。」

といった条項のように、例を挙げておけば、「その他会員として不適切であると当社が判断したとき」とは、１から３に挙げる例に準じるようなものであることが明確になりますし、事前の通知も要求されていますので、顧客にとって予測可能性が高まるといえるでしょう。

　なお、関連して、これまでの実務では、約款において「当社所定の手数料を支払うものとします」といった条項を定め、事業者が自由に手数料を設定・変更するといった取扱いがよく見受けられました。改正民法の下では、このような一方的な変更権限を事業者に与える条項を設けていたとしても、定型約款の変更はすべて改正民法548条の４の規定の枠内で行われることになります。したがって、「当社所定の手数料を支払うものとします」といった文言を入れていたとしても、事業者が自由に手数料を設定・変更できるわけではないことに注意が必要です（Q&A133頁）。

⑵　消費者契約法との関係

　顧客に消費者が含まれる場合には、消費者契約法の適用を受け、内容によっては約款の条項が無効になるリスクがあるため、同法の規制に反しない条項を作成する必要があります。

　例えば、消費者契約法によって無効とされる典型的な条項としては、事業者の債務不履行責任や不法行為責任を全部免除する条項（第３章８・第５章７）、事業者の故意または重過失による債務不履行責任

や不法行為責任の一部を免除する条項（**第3章8・第5章7**）、消費者の解除権を放棄させる条項（**第3章9・第5章6**）などがあります。

　また、消費者契約法10条（消費者の利益を一方的に害する条項の無効）は一般条項であり（**第3章12**）、適用範囲が広いため、とくに注意が必要です。

(3)　民法・商法との関係

　通常の契約書の作成と同様に、約款の作成において、民法・商法との関係では、①民法・商法の規定に反する条項を設けることが可能か、②条項を設けなかった事項について民法・商法がどのように定めているか、を確認する必要があります。

　①に関しては、民法・商法の規定には強行規定と任意規定があり、まずは強行規定に反する条項を作成しないように留意する必要があります（強行規定に反する条項は無効になります）。

　また、任意規定に反する約款条項は、直ちに無効になるわけではありませんが、通常の契約書の場合よりも慎重に考えるべきです。なぜなら、消費者契約法10条（**第3章12**）や改正民法548条の2第2項（**第3章4**）の適用にあたって、任意規定に反している事実が考慮され、場合によってはその約款条項が無効になり、またはその約款条項について合意をしなかったものとみなされる場合があるからです。したがって、任意規定に反する約款条項を設ける場合には、後からその条項の無効やみなし合意の不存在（改正民法548条の2第2項）を顧客に主張された場合に備えて、その条項に合理的な理由があることを説明できるよう、あらかじめ準備しておく必要があります。

　例えば、クリーニング業標準営業約款に係るクリーニング事故賠償基準においては、「利用者が洗たく物を受け取った後6か月を経過したときは、クリーニング業者は、本基準による賠償額の支払いを免れる」旨の条項があります。このような条項は、民法における請負契約

の担保責任の期間（改正前民法・改正民法637条1項）を短縮するもの
ですが、その理由としては、クリーニング後に相当の時間が経つと汚
れや傷が消費者の保管によって生じたのかクリーニングによって生じ
たのか判断が困難になることや、クリーニング業務が多くの顧客を相
手に大量に行われていることなどの理由が挙げられています。

　②に関しては、約款条項を設けなかった事項については、民法・商
法の任意規定がその内容を補充することになり、民法・商法の規定が
そのまま適用されることになるため、それがどのような内容であるの
かを理解しておかないと、約款に明文の規定がないところで予想外の
効果が生じてしまう可能性があります。例えば、商人間の売買に適用
される商法526条2項は任意規定ですが、売買の目的物に直ちに発見
することのできない瑕疵（契約不適合）（**第7章2(1)**）がある場合にお
いて、買主が引渡しから6か月以内にその瑕疵（契約不適合）を発見
し、直ちに通知したときには売主は責任を負うものと定めています。
したがって、商人間の売買契約でこれと異なる条項を置かなければ、
商法526条2項によって契約の内容が補充され、買主が引渡しから6
か月以上経って瑕疵（契約不適合）を発見した場合には、救済を受け
られなくなります。

第5章 約款の各条項の意義とドラフティングの留意点

約款において業種を問わず一般的に規定される条項（第4章1(1)）には、それぞれ規定されている理由があり、また、留意すべき点もそれぞれ異なります。単に他社の約款と同じ条項を規定するのではなく、このような点を理解したうえで自社に合わせた条項を作成することは非常に重要です。本章では、このような一般的な条項について、それぞれの意義とドラフティングの留意点を具体的に解説します。

1　定義

通常の契約書と同様に、約款にも冒頭に定義規定を設け、約款で使用する用語の意味があいまいにならないようにしておくのが、明確な条項作成のために望ましいでしょう。作成者不利の原則によって想定と異なる解釈がされないように、専門用語は、平易にわかりやすく定義条項で説明しておく必要があります。また、法律の専門用語だけでなく日常的に用いられる用語（例えば「遺族」「親族」「居住者」「天災」など）であっても、解釈が分かれて争いが生じることもあるため、定義を設けておくことが望ましいといえます。例えば、「遺族」という語は、日常的にはよく使われる用語ですが、法定相続人を指すのか、法定相続人でなくとも生計を共にしていた親族を含むのかなど、その範囲は不明確であり、法律でもその定義はまちまちです。したがって、このような語を用いる場合には、どの範囲の人物を指すのかの定義を設けておく必要があります。

2　商品・サービスの内容（顧客の権利）

　事業者が顧客に提供する商品・サービスの内容を説明する条項は、顧客の主要な権利が定められており、約款の中でも中心的な位置付けです。実務的には、「当社は、以下のサービスを提供します」などと具体的なサービスの内容を列挙する条項を設けたり、「『本サービス』とは○○をいいます」と定義条項の形式にしたり、記載ぶりはさまざまですが、記載にあたっては、①顧客はどのような商品・サービスを享受できるのか、②顧客の権利がいつから発生するのか（契約成立時期および商品などの提供開始時期）について、とくに明確に規定しておくべきです（②については、後記3の顧客の義務に関する条項において、顧客がとるべき手続と併せて記載されることも多くあります）。

3　商品・サービスの購入・利用条件（顧客の義務）

　商品・サービスの購入・利用条件を定める条項は、顧客の義務が規定され、これも約款の中で中心的な位置付けです。具体的に記載すべき内容としては、①商品・サービスの提供を受けるための申込みや登録の手続（例えば以下の規定例）、②商品・サービスの対価の金額やその計算方法、支払時期、決済方法などが含まれます。

〈規定例〉
第○条　登録手続
1．本サービスの利用に際し、利用者は、当社ウェブサイトにおいて必要事項を入力し、申込みをするものとします。
2．当社は、前項による申込みを受け、本サービスの利用開始日を記載した申込確認メールを利用者に送信します。当社が申込確認メールを送信した時点で本契約は成立します。

4　顧客の禁止事項

　商品・サービスの安定的な供給や損失の回避のため、顧客の利用行為に何らかの制限を加える場合に入れる条項で、事業者側にとっては、顧客の利用行為を管理するためにとくに重要な意味をもちます。例えば以下のような規定です。

〈規定例〉

第○条　禁止事項

1．本サービスの利用に際し、当社は、利用者が、以下の行為を行うことを禁止します。

　⑴　法令に違反する行為

　⑵　公の秩序または善良の風俗を害するおそれのある行為

　⑶　当社の定める方法以外の方法で本サービスを利用する行為

2．当社は、利用者が前項に定める禁止事項その他本規約に違反すると認める場合、利用者に事前に通知することなく、いつでも、本サービスの提供の一部もしくは全部の停止、または／および、利用者登録の削除を行うことができます。

　この禁止事項は、商品などの購入・利用条件を定める条項（前記3）を裏から規定したものともいえ、条項間に矛盾・抵触がないか、顧客の行為を過度に制限して、みなし合意の成否や条項の有効性に関して争いが生じないか、などに留意しておく必要があります。

　また、単に、禁止事項を列挙するだけでなく、顧客が禁止事項に違反した場合に、具体的にどのような効果が生じるかも明確に記載しておく必要があります。顧客による禁止事項の違反によって事業者に何らかの損害が発生する場合には、違約金の額をあらかじめ定めておく

ことも考えられますし（後記8）、事業者側に契約の解除権（後記6）
を付与することも考えられます。

　それ以外にも、契約の解除に先立って、まずは顧客への警告の送付
や、商品の購入・サービスの利用の一時停止といった暫定的な措置を
とることも考えられます。さらに、禁止事項が抽象的な文言となって
いる場合には、条項の明確性との関係でも（**第4章2(1)**)、直ちに契約
を解除するのではなく、まずは警告を発するなどの措置を行うように
すれば、顧客の予測可能性が高まり、ひいては顧客との間の紛争を減
らすことにつながります。

5　商品・サービスの中止・廃止

　インターネットを通じて提供するサービスなどは、システムにメン
テナンスを要することや、システムがダウンすることもあります。ま
た、あらゆるビジネスには、経営判断による事業の撤退、サービスの
廃止などの可能性があります。そういったリスクに対処するために
は、約款を通じた商品やサービスの提供について、事業者側の都合に
よる一時中止・廃止などがありうることを約款に明記しておくことが
望ましいといえます。実務的には、「当社の都合によりいつでも本
サービスの提供を中止・廃止することがあります」などと無限定に記
載するものが多くみられますが、顧客の権利を不当に害することのな
いよう、顧客にとって予測可能性を高めるためにも、具体的な事例を
列挙しておくのがよりよいでしょう。

〈規定例〉

第○条　サービスの中止・廃止

1．当社は、以下のいずれかに該当する場合、お客様に通知する
　　ことなく、本サービスの全部または一部の提供を一時的に中止

できるものとします。
⑴　本サービスの提供にあたり必要なシステム・設備等の点
　検・保守・工事等が必要となった場合
⑵　火災、事故、停電、天災、戦争、テロ、暴動、騒乱、労働
　争議その他の緊急の事態の発生により、本サービスの提供が
　困難になった場合
⑶　法令、行政処分等により、本サービスの提供が困難になっ
　た場合
⑷　その他、当社が本サービスの提供の一時中止が必要である
　と判断した場合
2．当社は、本サービスの継続的な提供が困難だと判断した場
　合、当社の運営上本サービスの廃止が必要であると判断した場
　合、その他やむをえない事由が発生した場合、お客様に通知の
　うえ、本サービスの提供を廃止することができるものとしま
　す。ただし、やむをえない事情がある場合、お客様への事前の
　通知を行うことなく、本サービスの提供を廃止することがあり
　ます。
3．当社が本サービスの提供を中止または廃止した場合、当社は
　利用者に対し、利用者が支払った利用料のうち、本サービスを
　中止または廃止した期間に相当する代金を日割計算にて返金す
　るものとします。

　この事例のように、一時中止・中断・廃止などの場合に、顧客の支
払済みの料金をどう扱うのかを定めておくと、トラブル防止にもなり
ます。なお、サービスを中止・廃止した場合に、顧客に料金を返金し
ない条項を作成する場合には、解除に伴う違約金等と同様の留意が必
要です（後記8）。

　また、サービスの一時停止などの場合、サービスを利用できなかったことによって顧客に損害が発生する可能性がありますので、そのような場合に備えて、事業者の責任を限定する旨の規定を設けることも考えられます（後記7）。

6　契約の解除

⑴　改正民法を踏まえた規定例

　通常の契約書と同様に、約款にも、以下のように、事業者と顧客が互いにどのような場合にどのような手順で契約を解除できるのかを規定しておくべきです。

　改正民法では解除に関する条項も改正されました。本規定例は改正民法に対応したものです（**第7章**で詳しく説明します）。

　なお、解除時にキャンセル料・違約金等を顧客に支払わせる条項を定める場合、その金額の設定および遅延損害金の利率の留意点は後記8を、解除に伴う免責条項を設定する場合の留意点は後記7を参照してください。

〈規定例〉

◆結婚式場利用規約

第○条　お客様からの契約解除

１．本契約の成立後、お客さまの都合により本契約を解除される場合には、別表○に定めるキャンセル料を申し受けます。

２．キャンセル料は、キャンセル料の請求日から○日以内に、当社指定の銀行口座にお振込みいただくか、現金にてお支払いください。振込手数料はお客様のご負担とします。お客様がキャンセル料を期日までに支払わなかった場合、年14.6％の割合による遅延損害金（１年を365日とする日割計算によります）を申し

受けます。

第○条　当社からの契約解除

お客様が以下の各号の1つに該当する場合、当社はお客様に対する通知催告を要することなく本契約を解除することができます。この場合、当社は、お客様に対し、前条第1項に定めるキャンセル料相当の違約金を請求できるものとします。

⑴　お客様が本規約に定める禁止事項のいずれかに違反した場合

⑵　本契約に関するお客様の行為が法令または公序良俗に違反するおそれがある場合

⑶　お客様またはお客様のご招待客様が本規約第○条に定める反社会的勢力であることが判明した場合

⑷　お客様が本契約に定める契約金を本契約に定める期日までに支払わない場合

⑵　消費者契約法を踏まえた留意点

　事業者としては、顧客から契約を解除される事態を防ぐために、顧客の解除権を放棄させたり、行使できる場面を制限したりしたいと考えるのが通常です。しかし、顧客に消費者が含まれる場合は、消費者契約法等により厳しい規制が適用されるため、顧客の解除権の放棄・制限に関する条項を設けることは慎重に行う必要があります。

　まず、消費者契約法8条の2により、事業者側の債務不履行により生じた消費者の解除権を放棄させる条項（同条1号）および瑕疵担保により生じた消費者の解除権を放棄させる条項（同条2号）や、事業者にこのような解除権の有無を決定する権限を付与する条項（同条1号・2号）は無効になります（なお、改正民法施行後は、瑕疵担保責任の概念がなくなり、債務不履行責任に統一されることから、同条1号と2

号の区別はなくなります）（第3章9）。

　「放棄させる」とは、法定の解除の要件を満たす場合であっても解除を認めないことを指すため、解除権の行使を一定期間に制限したり、解除権の行使の方法を一定の方法に制限したりする条項は、「放棄」には該当せず、消費者契約法8条の2の適用を受けないのが原則です。ただし、そのような解除権行使の期間や方法の制限の程度が著しく、事実上解除権を放棄させるのと同様である条項は、同条によって無効になる場合もあります。

　また、消費者の解除権を不当に制限する条項は、消費者契約法8条の2に抵触しない場合でも、同法10条によって無効になる場合があります（第3章12）。

〈解除権の制限が問題となる条項〉

◆予備校講座申込規約

「当社に債務不履行があった場合を除き、お申込み後の注文取消し、お客様都合による解約は、原則として承っておりません」

◆エステティックサロン規約

「お客様は、第○条に定めるクーリングオフ期間経過後、当社に債務不履行があった場合を除き、原則として契約の解除はできないものとします」

　この事例の各条項は、事業者に債務不履行があったときの解除権を放棄させるものではないため、消費者契約法8条の2には抵触しませんが、予備校講座受講契約やエステティック契約は、準委任契約であり、民法では当事者がいつでも契約を解除することができますので（民法651条1項・656条）、その民法上の解除権を制限するものとして、消費者契約法10条により無効とされる可能性があります。**第3章12(3)**

(iii)で紹介したように、実際に、前掲・東京地判平成15・11・10では、進学塾の冬期講習受講契約と年間模試受験契約における、受講者からの解除を認めない旨の条項について、同条により無効であると判断されました。

〈解除権の行使期間の制限が問題となる条項〉

◆通販サイト利用規約

「商品の返品については、商品到着後15日以内に限り受け付けるものとします」

◆ソフトウェア購入規約

「本製品に欠陥があった場合には、お客様が本製品を購入した日から30日間に限り、本製品の交換または代金返還に応じます」

　この条項は、顧客側の解除権を放棄させるものではありませんが、行使できる期間を短期間に制限しています。行使できる期間が民法・商法に定める債務不履行や瑕疵担保責任（契約不適合責任）による解除権の行使期間に比べて著しく短いため、消費者契約法10条により無効とされ、または改正民法548条の２第２項によりみなし合意不成立とされる可能性があります。

　さらに、解除権だけでなく、以下のように取消権を放棄させる条項についても、同様に無効とされる可能性があります。

〈取消権の放棄が問題となる条項〉

◆オンラインゲーム利用約款

「未成年者が申込みを行った場合、保護者の同意を得たものとみなします」

この条項は、未成年者の法律行為の取消権（民法5条2項）を放棄させるものですが、未成年者の利用によって高額の課金がなされうるなど、親権者による取消しを認めるべき必要性が高い場合には、消費者契約法8条の2の趣旨に鑑み、同法10条で無効とされる余地があります。

以上の通り、顧客に消費者が含まれる場合には、事業者の債務不履行や瑕疵（契約不適合）があった場合の顧客からの解除権を放棄させる条項は無効になりますし、その他の民法・商法上の解除権の制限や、解除権の行使の方法の制限などを定める条項も無効になる可能性があるため、顧客の解除権について制限を設ける際には慎重に検討する必要があります。

一方、事業者に解除権を付与する条項のうち、消費者に後見開始の審判などがあったことのみを理由として解除権を付与する条項は消費者契約法により無効になります（消費者契約法8条の3）（**第3章10**）。また、そのほかにも、「当社が○○と認めた場合には、本契約を解除できる」などといった文言で、事業者に一方的な解除権や不相当な解除権を認める規定についても、消費者契約法10条や改正民法548条の2第2項における不当条項に該当する可能性があるため、注意が必要です（**第3章12⑶⑾・⑷・第4章2⑴**）。

7　事業者の免責

⑴　有効な免責の範囲

事業者は、約款に基づいて大量の顧客と取引を行うため、少額であっても個々の顧客から損害賠償請求を受ければ、賠償額も事務コストも膨大なものとなります。そのようなリスクを減らすためには、顧客に対する賠償責任を一定の範囲に制限する免責条項を規定するのが効果的です。

　しかし、事業者の責任をあまりに制限する条項は無効になるため、制限の範囲には留意する必要があります。まず、顧客に消費者が含まれる場合には、消費者契約法 8 条により、①事業者の債務不履行または債務の履行に際してされた不法行為による損害賠償責任の全部を免除する条項（1 項 1 号・3 号）、②事業者の故意または重過失による債務不履行または債務の履行に際してされた不法行為による損害賠償責任の一部を免除する条項（1 項 2 号・4 号）、③契約目的物の瑕疵による損害賠償責任の全部を免除する条項（1 項 5 号）、④事業者に①から③の責任の有無等を決定する権限を付与する条項（1 項 1 号から 5 号）は、いずれも無効になります（なお、同条 1 項 5 号は、改正民法施行後は削除されます）（**第 3 章 8**）。

　また、以下の各例のように、消費者契約法が適用されない B to B 取引においても、同様にこれらの条項の有効性が問題となります。

〈事業者に故意・重過失のない場合の全部免責が問題となる条項〉
◆レンタルサーバ利用規約
「当社は、契約者に対し、本サービスを利用した結果発生する直接または間接の損害について、当社に故意または重大な過失があった場合を除き、いかなる責任も負いません」

　この条項は、事業者に故意または重過失のない場合（すなわち、事業者に軽過失がある場合）に、損害賠償責任の全部を免除する条項です。消費者との契約の場合は、消費者契約法により無効になりますが（消費者契約法 8 条 1 項 1 号・3 号）、B to B 取引の場合でも、その有効性が問題となります。

　共有サーバの提供に関する B to B の契約の約款に類似の免責条項（サービス提供者に故意または重過失がある場合を除き、サービス提供を行

わなかった場合に月額料金を限度に損害賠償をするほかは、サービス提供者はいかなる責任も負わないとするもの）が規定されていたケースで、レンタルサーバの障害によって、顧客のデータなどが消失したことが問題となった裁判例では、当該免責規定は公序良俗に反し無効であるといった顧客の主張に対し、サービス提供者は免責規定を前提として料金を設定していることや、顧客がバックアップなどの対策を講じることも容易であったことを理由に、公序良俗に反することはなく、有効であるとされました（東京地判平成21・5・20判タ1308号260頁）。裏を返せば、同様の条項であっても、相手方において十分な保証が受けられるだろうと期待する程度に高額な利用料が設定されている場合や、障害が生じうることが想定しにくい物理的なレンタルルームの場合などでは、逆の結論（すなわち無効）になる可能性もあります。

　したがって、B to B 取引であっても、軽過失の場合に生じた損害の全部を免責する条項は、取引態様によっては、無効とされたり、みなし合意の適用除外とされたりする可能性があります。

〈事業者に故意・重過失がある場合の責任制限が問題となる条項〉
◆ウェブサービス利用規約
「1.　乙が本サービスに関連して、乙の故意または過失により、甲に損害を及ぼしたときは、乙はその損害について、甲に対し賠償の責を負うものとします。
　2.　前項の場合、乙は本サービスに関連して甲から支払を受けた金銭の合計額の範囲内において損害賠償責任を負うものとします」

　この条項は、事業者に故意・重過失がある場合にも第2項により事業者の責任を一部制限しています。したがって、消費者との契約の場

合、消費者契約法により無効になります（消費者契約法 8 条 1 項 2 号・
4 号）。

　また、B to B 取引の場合でも、故意または重過失の場合も含めて
免責・責任制限する条項について、故意または重過失の場合には当該
条項は適用されないと制限解釈する裁判例もあります。

　例えば、東京地判平成26・1・23（判時2221号71頁）は、故意また
は重過失がある場合にまで賠償範囲を制限することは著しく衡平を害
するもので当事者の通常の意思に合致しないとして、故意または重過
失がある場合には、当該条項は適用されないと判断しました。この裁
判例は、企業がソフトウェア開発会社との間で、自社ウェブサイトに
おける商品受注システムの設計・保守などの委託契約を締結したとこ
ろ、それに基づき開発されたソフトウェアの脆弱性により、ウェブサ
イトで商品を注文した顧客のクレジットカード情報が流失したとし
て、ソフトウェア開発会社に対して債務不履行に基づく損害賠償を求
めたものです。当該委託契約には、ソフトウェア開発会社が支払うべ
き損害賠償額を「個別契約に定める契約金額の範囲内」に制限する旨
の条項がありましたが、ソフトウェア開発会社に重過失がある場合に
この責任制限条項が適用されるかが争点になりました。裁判所は、こ
のような責任制限条項は、それを前提にして契約金額を低額に設定で
きるなど、一定の合理性があるものの、権利・法益侵害の結果につい
て故意や重過失がある場合にまで同条項によって被告の損害賠償義務
の範囲が制限されるとすることは、著しく衡平を害するものであっ
て、当事者の通常の意思に合致しないとし、当該責任制限条項はソフ
トゥエア開発会社に故意または重過失がある場合には適用されないと
解釈しました。

　また、最判平成15・2・28（集民209号143頁）も、ホテルの宿泊約
款における責任限定条項について、ホテル側に故意または重大な過失

がある場合には適用されないと判断しました（判示内容について**第9章**）。この事案では、宝石販売会社の代表者がホテルのベルボーイに宝石の入ったバッグを、中身を告げずに預け、客室まで運ぶよう依頼したところ、何者かにバッグが盗難されたものですが、ホテルの宿泊約款には、「宿泊客が当ホテル内にお持込みになった物品又は現金並びに貴重品であって、フロントにお預けにならなかったものについて、当ホテルの故意又は過失により滅失、毀損等の損害が生じたときは、当ホテルは、その損害を賠償します。ただし、宿泊客からあらかじめ種類及び価額の明告のなかったものについては、15万円を限度として当ホテルはその損害を賠償します」という規定がありました。ホテル側に故意または重大な過失がある場合にも当該規定が適用され損害賠償額が15万円に限定されるのかが争いになったところ、最高裁は、このような責任制限条項は、宿泊客が、ホテルに持ち込みフロントに預けなかった物品などについて、ホテル側にその種類および価額を告げなかった場合には、ホテル側がその物に応じた注意を払うことを期待するのが酷であり、かつ、損害賠償額が巨額になりうることなどを考慮して設けられたものであるとしたうえで、その趣旨にかんがみても、「ホテル側に故意又は重大な過失がある場合に、本件特則により、被上告人の損害賠償義務の範囲が制限されるとすることは、著しく衡平を害するものであって、当事者の通常の意思に合致しないというべきである」とし、当該責任制限条項は、ホテル側に故意または重大な過失がある場合には適用されないと判断しました。

(2)　有効な免責条項を作成するための留意点

前記(1)の通り、消費者との契約の場合、消費者契約法により一定の免責条項は無効とされています。しかし、同法の下でも、事業者に軽過失がある場合の損害賠償の範囲を正当な範囲で限定することは認められています（ただし、損害賠償の範囲を著しく限定するなど、不当な条

項は、同法10条によって無効になりえます。また、人身損害に関する事業者の損害賠償責任の一部を免除する条項も無効になる可能性があることに注意が必要です（第3章12⑶(v)）。したがって、免責条項を適切に作成すれば、事業によって発生する賠償責任のリスクを減らすことができます。

消費者・事業者の両方を顧客として含む契約では、消費者・事業者それぞれについて、法令に抵触しない範囲で責任免除・制限をするには、約款において以下のような整理をするのも一案です（実務的にも多くみられる方法です）。ただし、①については、レンタルサーバ利用規約の例（前記⑴）で紹介したように、B to B取引でも、取引態様によっては、無効とされたり、みなし合意の適用除外とされたりする可能性はあります。

① 　故意・重過失の場合を除いて、免責とする条項を設ける。

② 　消費者契約法が適用される場合には、①の条項は適用されない旨を明記する（これにより、①の条項は、B to B取引のみに適用されることになる）。

③ 　消費者契約法が適用される場合は、故意・重過失の場合を除いて、損害賠償の範囲や金額を限定する条項を設ける（賠償範囲を直接損害・通常損害に限定する、賠償上限額を設定する等）。

	事業者に軽過失がある場合	事業者に故意・重過失がある場合
B to B取引における顧客に対する責任（消費者契約法の適用なし）	責任を免除	無限定
消費者である顧客に対する責任（消費者契約法の適用あり）	賠償の範囲・金額を限定	無限定

このような整理に基づけば、例えば以下のように規定することが考えらえます。

〈規定例〉

第○条　免責

1．当社は、本サービスの提供に関して利用者に生じたあらゆる損害について、当社に故意または重過失があった場合を除き、一切の責任を負いません。

2．前項の規定は、本サービスの提供に関する当社とお客様の契約が消費者契約法（平成12年法律第61号）第2条第3項に定める消費者契約に該当する場合は、適用されないものとします。

3．前項の場合、当社は、当社の過失（本項では、重過失を除きます）によって利用者に生じた損害については、直接かつ通常の損害についてのみ責任を負うものとし、賠償額は、当社が利用者から受領した本サービスの利用料の○か月分を上限とします。

---

(3)　顧客保護措置の充実

顧客に対する賠償責任を制限するには、前記(1)(2)のように免責条項の有効性に着目するだけでなく、以下の例のように、免責を受ける前提として、それに値する顧客保護措置を講じることができているかも重要になります。

〈顧客保護措置が問題となる条項〉

◆電子マネー利用約款

「当社は、登録会員が本件電子マネーの発行を申し込む際にパスワードとして入力した英数字の配列情報とあらかじめ付与または

登録されているパスワードとの一致を確認することにより、本件
電子マネーの発行申込者が登録会員であることを確認し、登録会
員が当社所定の方法に従い入力した発行申込額その他の事項を内
容とする本件電子マネーの発行の申込みが当社に対してなされた
ものと取り扱います」

「登録会員は、パスワードの管理責任を負います」

　例えば、電子マネーの利用契約において、登録会員（顧客）が携帯
電話を紛失し、その携帯電話を入手した第三者が登録会員になりすま
してパスワードを使用し電子マネーを使用した場合、このような条項
があれば、電子マネーを発行・管理する事業者は、登録会員に対して
責任を負わなくて済むようにも思えます。実際、そのような目的で、
「IDおよびパスワードは、利用者が責任をもって管理するものとし、
IDまたはパスワードの盗用、第三者による使用、不正アクセスなど
に伴う損害の発生について、当社は一切の責任を負いません。」など
といった条項を設けている例も多くみられます。

　しかし、同様の電子マネー利用約款における条項が問題となった裁
判例（東京高判平成29・1・18判時2356号121頁）では、電子マネーサー
ビス提供者には、不正利用を防止するため、携帯電話を紛失した場合
に登録会員がとるべき措置（サービス提供者への通知等）について適切
に約款などで規定し周知する注意義務があるとし、このような措置を
とっていなかったサービス提供者の顧客に対する不法行為責任を認め
ました。このように、免責に係る条項の文言だけにとらわれず、サー
ビスや商品の性質に照らし、約款全体として、顧客を十分に保護する
措置をとるように配慮する必要があります。

8　顧客が支払う違約金・損害賠償の予定

　長期的にサービス・商品を提供する契約などにおいては、顧客が中途解約すると、事業者に損害が発生することがあります。また、約款に定める禁止事項に顧客が違反した場合、事業者が損害を被る場合もあります。このような損害があらかじめ想定できる場合には、約款に顧客による違約金や損害賠償の予定（以下「違約金等」といいます）の支払義務について定めておくことが望ましいでしょう。そうすれば、事業者側も定型的に対応することができて事務コストを減らせますし、顧客側にとっても予測可能性が高くなります。

　また、顧客が約款に基づく契約上の金銭債務の支払を期限どおりに行わなかった場合には、遅延損害金（利息）が発生しますが、契約でとくに利率を定めなかった場合には、法定利率が適用されます。一方、契約で遅延損害金の利率として法定利率を超える利率を定めておけば、当該約定利率が適用されます（ただし、後述する消費者契約法による規制をはじめ、利息制限法、割賦販売法など、遅延損害金の約定利率にも契約類型により法令による一定の制限があることには注意が必要です）。改正民法では、法定利率に変動性が取り入れられたため（詳細は第7章1(5)）、予測可能性と事務コストの観点から、遅延損害金の利率を契約にあらかじめ定めておく必要性は高まっています。

(1)　消費者との契約の場合

　消費者との契約の場合、解除に伴う違約金等の額が、当該条項で設定された解除事由や時期などの区分（いつ解除するといくらの違約金等が発生するかなどの区分）に応じて、同種の契約解除に伴って当該事業者に生ずべき「平均的な損害の額」を超える場合は、その超過部分は無効になります（消費者契約法9条1号。第3章11(1)）。また、消費者に遅延損害金を支払わせる場合には、年14.6％を超えることはでき

ません（同条 2 号。**第 3 章11(1)**）。

　なお、解除時に解約料・キャンセル料・損害賠償金・手数料などの名目の金銭の支払義務を顧客に負わせる典型的な違約金等の条項だけでなく、解除時に顧客の支払済料金の全部または一部を事業者が返金しない旨の条項（以下「不返還条項」といいます）も、未履行部分については、解除時の事業者の原状回復義務を減免するという意味で違約金等と同様の効果をもつので、同様に消費者契約法 9 条 1 号の適用対象となります。

　したがって、解除に伴う違約金等の条項や不返還条項を定める場合、事業者としては、その種の契約において発生する「平均的な損害の額」を合理的に算定し、それを超えないように定めておくことが重要になります（**第 3 章11(2)(iii)(a)**）。

　こういった違約金等の条項や不返還条項に定められた額が高すぎると、消費者から訴訟を起こされる可能性もあります。実際に、消費者契約法 9 条 1 号における「平均的な損害の額」を超えるかどうかについて、これまでに、携帯電話通信サービス契約の 2 年縛り条項、結婚式場の予約のキャンセル料条項、大学入学を辞退した場合の支払済入学金・授業料等の不返還条項など、さまざまな分野で訴訟が起きています（**第 3 章11(2)(iii)(b)**）。

　裁判所は、各契約の類型ごとにどのような損害が生じるかを個別に検討して「平均的な損害の額」を超えるかを判断しているため、確立した計算式のようなものはありませんが、一般論としては「平均的な損害の額」には契約が解除されなければ得られたであろう利益（逸失利益）も含まれるとする考えが主流のようです。しかし、個々の事案で実際に逸失利益が「平均的な損害」に含まれるかは、当該事案において利益の補完可能性（埋め合わせができるか）なども踏まえて個別に判断されているようです（**第 3 章11(2)(iii)(a)**）。

　例えば、結婚式場の利用契約では、顧客と契約をすると、他の顧客との間で同一日時・同一会場の契約ができなくなりますが、逆にいえば、契約履行日（挙式日）まで時間がある段階で顧客が解除をした場合には、新たな顧客と契約して損害を埋め合わせることが可能なことがあります。この場合、逸失利益から、他の顧客との契約により埋め合わせできる分や、支出（発注済の資材・食材費等）を転用できた分、解除により不要となる費用を差し引いて、「平均的損害の額」を算定することができます。具体的には、結婚式前日にキャンセルされれば、新たな顧客と契約することはその時点ではもはや不可能で埋め合わせができませんし、すでに発注した資材の転用も難しいでしょう。したがって、結婚式前日のキャンセル料を例えば「契約金額の80％」と定めることは合理的で「平均的損害の額」を超えないといえます。一方、結婚式の１年以上前に顧客がキャンセルした場合には、まだ何も資材を発注しておらず、他の顧客との新たな契約も十分可能ですから、損害はほとんど発生しないといえ、キャンセル料の設定自体が無効になりえます。実際に、結婚式の１年以上前に顧客が予約をキャンセルし、事業者が取消料10万円を請求した事案において、結婚式の１年以上前の時点で平均的な損害として具体的な金額を見積もることはできず、当該取消料の条項は消費者契約法９条１号により無効であるとした裁判例があります（前掲・東京地判平成17・９・９、第３章11⑵(iii)(b)）。また、同様に結婚式場のキャンセル料が争われた別の裁判例では、当該事案における平均的な損害の算定式として、「逸失利益－損益相殺すべき利益＝（解除時見積額の平均×粗利率）－（解除時見積額の平均×粗利率×再販率）＝解除時見積額の平均×粗利率×（１－再販率）＝解除時見積額の平均×粗利率×非再販率」という計算式を示しており、参考になります（前掲・大阪高判平成27・１・29、第３章11⑵(iii)(b)）。

　こういった考え方を踏まえると、違約金等の条項を作成するにあたっては、段階的な区分を設け、その区分に応じて合理的な金額を設定していくことが重要です。以下の例は、観光庁および消費者庁の定める標準旅行業約款の中の解除に伴う契約取消料に関する規定ですが、細かい区分ごとに取消料が設定されており、参考になります。

〈規定例〉

◆標準旅行業約款（平成30年 3 月29日改正）

第16条（旅行者の解除権）

旅行者は、いつでも別表第一に定める取消料を当社に支払って募集型企画旅行契約を解除することができます。通信契約を解除する場合にあっては、当社は、提携会社のカードにより所定の伝票への旅行者の署名なくして取消料の支払いを受けます。

（以下略）

別表第一　取消料（第16条第 1 項関係）

一　国内旅行に係る取消料

区分	取消料
(一)　次項以外の募集型企画旅行契約	
イ　旅行開始日の前日から起算してさかのぼって20日目（日帰り旅行にあっては10日目）に当たる日以降に解除する場合（ロからホまでに掲げる場合を除く。）	旅行代金の20％以内
ロ　旅行開始日の前日から起算してさかのぼって 7 日目に当たる日以降に解除する場合（ハからホまでに掲げる場合を除く。）	旅行代金の30％以内
ハ　旅行開始日の前日に解除する場合	旅行代金の40％以内

ニ　旅行開始当日に解除する場合（ホに掲げる場合を除く。）	旅行代金の50％以内
ホ　旅行開始後の解除又は無連絡不参加の場合	旅行代金の100％以内
（以下省略）	（以下省略）

　一方で、この類型に当てはまらないもの（複数の顧客と同時に同種の契約を締結することが妨げられないもの）については、損害の考え方が難しく、個別に判断せざるをえません。事業者としては、契約類型に応じて、「平均的な損害の額」の合理的な根拠を示せるようによく検討する必要があります。

(2)　B to B 取引の場合

　B to B 取引の場合は、消費者契約法9条の適用はないものの、違約金が高額すぎる場合、無効とされてしまうリスクがあります。

〈B to B 取引の違約金が問題となる条項〉

◆インターネット求人サービス利用契約約款

「利用者は、当社に対し、本サービスを通じて応募してきた者の選考状況の進捗報告を事実に基づいて行わなければならず、利用者が虚偽の報告を行った場合、利用者は、当社に対し、違約金として1件につき30万円を、違反の判明日から7日以内に支払うものとします」

　この条項は、利用者（インターネット求人サービスの顧客である求人者）の求人情報掲載が求職者採用に結びつけば事業者に成功報酬が発生する仕組みのインターネット求人サービスにおいて、求人者からの選考状況の報告を義務付け、その義務に違反すれば違約金が発生する

旨の内容になっています。実際に、東京地判平成28・7・26（D1-Law29019274）では、B to B のインターネット求人サービス利用契約において、このような条項が定められていたところ、求人サービスを利用した企業（求人者）が当該サービスを通じて求職者を採用したにもかかわらず、求人サービスを提供する事業者に虚偽の報告を行ったため、このような違約金の定め（30万円、約款改訂後は50万円）の有効性が争われました。この裁判例では、求人者が採用に成功したか否かは、報告がなければ事業者にはわからない仕組みになっているため、報告義務の履行を担保するために、あらかじめ違約金の合意をすることも不合理ではなく、その額も事業者間の合意としては高額すぎないと判断され、条項の有効性が認められました。裏を返せば、違約金にこのような合理性がない場合には、B to B 取引であっても信義則に反することなどを理由に、無効とされたり、みなし合意不成立とされたりする可能性もあります。

9　個人情報の取扱い

　とくに、消費者を対象として商品・サービスを提供する際には、顧客の個人情報を取得することがありえます。この場合、個人情報の保護に関する法律（以下「個人情報保護法」といいます）における個人情報取扱事業者（個人情報保護法2条5項）に該当する場合には、個人情報保護法により要求される事項を遵守する必要があります。例えば、契約締結に伴い個人情報を取得する場合などには、利用目的を明示する必要があり（同法18条2項）、利用目的はできる限り特定する必要があります（同法15条1項）。あらかじめ本人の同意を得ないで目的外で個人情報を利用してはなりません（同法16条1項）。また、取得した個人情報を第三者に提供する場合には、本人から同意を得るか（同法23条1項）、または、同法で求められる一定の事項の本人への通知等や

個人情報保護委員会への届出（同法23条2項）をする必要があります。そのため、取得した個人情報を社内または社外でどのように利用する可能性があるのか、約款作成の前によく検討する必要があります。

　実務的には、個人情報の取扱いに関する事項は、以下のように、「プライバシーポリシー」と題する規定を別途作成して内容をそちらに委ね、プライバシーポリシーに対する同意を、約款への同意とは別に取得する例が多くみられます。

〈規定例〉

第○条　個人情報の取扱い

当社は、本サービスに関連して取得した個人情報を、当社の定めるプライバシーポリシーに従って適切に取り扱います。

　プライバシーポリシーは、個人情報保護法に基づき、顧客に対して一定の事項を明示・通知・公表したり、一定の事項に対する顧客の同意を取得したりするために作成されるものですので、当事者間の契約内容そのものとは性質を異にします。

　また、個人情報保護法で求められる「同意」は私法上の行為ではなく、同意の効力は、民法ではなく個人情報保護法の趣旨に照らして判断されると解されています（Q&A79頁）。そのため、プライバシーポリシーについての顧客の同意は、あくまで個人情報保護法に基づく同意であって契約の成立に向けられた同意ではなく、プライバシーポリシーについて定型約款に関する改正民法の規律が直接適用されることはないと解されています（Q&A79〜80頁）。

　したがって、実務上多くみられるように、プライバシーポリシーは、個人情報保護法の要請に従って約款から独立して作成するのがよいでしょう。また、プライバシーポリシーに対して、改正民法におけ

る定型約款に関する規律が直接適用されないことに加え、個人情報保護委員会のガイドラインによれば、個人情報保護法において要求される本人の同意取得に際しては、「事業の性質及び個人情報の取扱状況に応じ、本人が同意に係る判断を行うために必要と考えられる合理的かつ適切な方法によらなければならない」とされていることを踏まえれば（個人情報保護委員会「個人情報の保護に関する法律についてのガイドライン（通則編）」〔平成28年11月（平成31年1月一部改正）〕2 －12）、顧客から、単に、「プライバシーポリシーに従う」旨を抽象的に言及した約款への同意を取得するのではなく、プライバシーポリシー自体への同意を、約款への同意とは別途明確に取得するのがよいでしょう。

10　反社会的勢力の排除

　約款に基づく取引は不特定多数の顧客を相手方とするため、企業と反社会的勢力との断絶が求められる昨今の社会情勢に照らし、反社会的勢力の排除に関する条項（いわゆる反社条項ないし暴排条項）を定めることが望ましいといえます。なお、都道府県によっては、暴力団排除条例の中で、事業者が事業に係る契約を締結する際に反社条項を織り込むことが努力義務とされている場合もあります（例：東京都暴力団排除条例18条2項）。

〈規定例〉

第○条　反社会的勢力の排除

1．本サービスの利用者は、当社に対し、現在、暴力団、暴力団員、暴力団員でなくなった時から5年を経過しない者、暴力団準構成員、暴力団関係企業、総会屋、社会運動等標ぼうゴロまたは特殊知能暴力集団等、その他これらに準ずる者（以下、総

称して「暴力団員等」といいます）に該当しないこと、および次
の各号のいずれにも該当しないことを表明し、かつ将来にわ
たっても該当しないことを確約するものとします。

① 暴力団員等が経営を支配していると認められる関係を有す
ること

② 暴力団員等が経営に実質的に関与していると認められる関
係を有すること

③ 暴力団員等を不当に利用していると認められる関係を有す
ること

④ 暴力団員等に対して資金等を提供し、または便宜を供与す
る等の関与をしていると認められる関係を有すること

⑤ 役員または経営に実質的に関与している者が暴力団員等と
社会的に非難されるべき関係を有すること

2．本サービスの利用者は、当社に対し、自らまたは第三者を利
用して次の各号の一にでも該当する行為を行わないことを確約
するものとします。

① 暴力的な要求行為

② 法的な責任を超えた不当な要求行為

③ 取引に関して、脅迫的な言動をし、または暴力を用いる行
為

④ 風説を流布し、偽計を用いまたは威力を用いて当社の信用
を毀損し、または当社の業務を妨害する行為

⑤ その他前各号に準ずる行為

3．本サービスの利用者が、暴力団員等もしくは第1項各号のい
ずれかに該当し、前項各号のいずれかに該当する行為をし、ま
たは第1項の規定に基づく表明・確約に関して虚偽の申告をし
たことが判明した場合には、当社は、何らの通知または催告を

要せずして、当該利用者への本サービスの提供を中止し、また
は本規約に基づく当該利用者との間の契約を解除することがで
きます。
4．前項に基づく解除は、当社による本サービスの利用者に対す
る損害賠償請求を妨げません。

11　譲渡禁止

　民法上、債権の譲渡は、原則として債務者の承諾なくして自由に行
えることになっていますが（改正前民法・改正民法466条1項）、顧客が
契約上の債権を第三者に移転すると、事業者にとっては管理や対応が
煩雑になることから、事業者としてはそのような事態を避けるため
に、顧客による債権譲渡を禁止することが広く行われています。

　改正民法の下では、このような譲渡制限特約に反して顧客が債権譲
渡した場合、譲渡自体は有効ですが（改正民法466条2項）、債務者（す
なわち、ここでは事業者）は、譲渡制限特約について悪意または重過
失の譲受人等に対しては債務の履行を拒むことができます（同条3項。
詳細は**第7章1⑷**）。したがって、事業者が約款をインターネットで公
開している場合には、仮に顧客が債権譲渡したとしても、譲受人の重
過失を主張しやすくなるでしょう。

　また、改正前民法の下でも、債務の譲渡すなわち債務引受や、契約
上の権利義務を第三者に移転する契約上の地位の移転については、契
約の相手方の同意があれば可能とされていました（ただし、引受人が
債務者と併存的に債務を負担する併存的債務引受は、債権者の同意がなく
とも、債務者と引受人の合意のみによって行えるとされてきました）。改
正民法の下では、これらの点が新たに明文化されました。約款では、
債権譲渡を禁止する条項において、債務引受や契約上の地位の移転も

併せて禁止しておくことがよく行われます。

　なお、実務的には、事業者が事業譲渡などに伴い契約上の地位を第三者に移転する場合に備えて、顧客にあらかじめ事業者による契約上の地位の移転を同意させる条項もよく見受けられます。しかし、契約上の地位の移転は、契約当事者が変更されることを意味し、契約において非常に重大な変更にあたりますので、このような変更について、譲渡先の第三者を特定することもなく顧客にあらかじめ包括的な同意を求める条項が当然に（とくに消費者に対して）有効といいうるのかについては、慎重な検討が必要と思われます。

〈規定例〉

第○条　譲渡禁止

利用者は、当社の書面による事前の承諾がない限り、本契約上の地位を移転し、または、本契約に基づく権利義務を第三者に譲渡し、もしくは第三者の担保に供してはならないものとします。

12　契約期間

　顧客への商品・サービスの提供を一定期間に限る場合は、約款中に契約期間を定める必要があります。この場合、契約期間満了時の更新の有無および方法（顧客との協議および新たな合意により更新されるのか、または特段の意思表示を要せず自動的に更新されるのか）も併せて規定すべきです。一方、契約期間を定めない場合は、解除（前記 6）されない限り、契約は、成立した後、存続し続けることになります。

〈規定例〉

第○条　契約期間

お客様と当社の契約期間は、本契約の締結日から1年間とします。ただし、お客様が当社に対し、契約期間満了日の1か月前までに、書面（電子メールを含む）により契約更新を行わない旨の意思表示を通知しない場合は、同一条件にて契約が更新されるものとし、その後も同様とします。

13　準拠法・紛争解決

　通常の契約でも、契約書の最後のあたりに、ほぼ必ず、契約の準拠法や紛争発生時の裁判管轄についての規定が設けられます。約款においても、準拠法・裁判管轄の定めを置いておくべきです。例えば、以下のような準拠法・紛争解決条項が典型的ですが、インターネットショッピングモールのように、顧客に消費者を含む約款については、消費者保護の法規制のため、また、顧客が外国に住んでいる可能性もあるため、特別な考慮が必要になります。

〈準拠法・管轄が問題となる条項〉

◆インターネットショッピングモール利用約款

「本約款の準拠法は日本法とします」

「本約款に起因し、または関連する一切の紛争については、東京地方裁判所を専属的合意管轄裁判所とします」

(1)　顧客（消費者）が外国に居住している場合

(i)　裁判管轄

　裁判管轄については、日本の民事訴訟法上、消費者との契約に関する紛争について紛争発生前に合意管轄を結ぶ場合（約款にあらかじめ裁判管轄の条項を入れておくような場合）に、その合意の有効性が認められるのは、①消費者契約締結時の消費者の住所地国での提訴を可能とする非専属的管轄合意（民事訴訟法3条の7第5項1号）と、②当該管轄合意に従って消費者が提訴した場合、もしくは事業者の提訴に対し消費者が管轄合意を援用した場合（同項2号）に限られています。

　したがって、約款に「東京地方裁判所を専属的合意管轄とする」という条項を入れていたとしても、契約締結時に外国に在住する顧客（消費者）に対しては、当該条項は、「締結時の当該利用者の住所地国（当該外国）での提訴を可能とする非専属的管轄合意」ではないため、その顧客が自ら東京地方裁判所にて提訴する、または事業者が東京地方裁判所にて提起した裁判の際にその顧客が当該管轄合意を援用する、といったことのない限り（つまり前記②に該当しない限り）、このような条項は無効になってしまいます。

　また、これは日本における国際裁判管轄のルールですが、外国はそれぞれ独自にルールを設けているため、約款の定めにかかわらず、外国の裁判所でも当該約款に関する紛争について、裁判管轄が認められる可能性があります。

(ii)　準拠法

　準拠法については、日本の国際私法の定めにおいては、消費者との契約において当事者が準拠法の指定をしていない場合、消費者の常居所地法が当該契約に適用されますので（法の適用に関する通則法11条2項）、外国居住の消費者との間で準拠法を定めていないと、日本の裁判所では、その外国の法律が準拠法となると判断される可能性があり

ます。したがって、約款において準拠法は指定しておくべきです。

　しかし、それで準拠法の解釈は万全であるとは限りません。外国に居住する顧客に対しては、日本の裁判所の専属的合意管轄の条項が無効になり、顧客が外国の裁判所で訴訟を提起する可能性があります。外国の裁判所では、現地の国際私法の定めの適用を通じて、自国民保護などのために準拠法の選択を一定範囲で制限する現地の法律が適用される可能性もあります。

　また、仮に外国に居住する顧客が日本の裁判所での訴訟に応じたとしても、日本の国際私法の定めにより、消費者との契約において、消費者の常居所地法以外の法律を準拠法として指定した場合であっても、消費者がその常居所地法中の特定の強行規定を適用すべき旨の意思を事業者に表示したときは、その消費者契約の成立および効力に関して強行規定が定める事項も適用されることになります（法の適用に関する通則法11条1項）。

　このような事態に対処するには、理論的には、顧客が所在する可能性がある外国の法律を調べ尽くす必要がありますが、現実的な費用を考えると、そういった対応は世界中に拠点を有するグローバル企業でない限り困難であるといえます。

(2)　顧客（消費者）が日本国内に居住している場合

(i)　準拠法

　国内に居住する利用者については、準拠法を日本法と指定することに特段の問題はありません。

(ii)　裁判管轄

(a)　約款における管轄合意の留意点

　裁判管轄合意については、一定の配慮が必要となります。日本国内の裁判管轄については、民事訴訟法にはとくに消費者保護規定は存在しないため、基本的には、専属管轄合意を約款に規定しても、有効と

いえます。

　しかし、約款における専属的管轄合意は、事業者が一方的に定める
ものであるため、事案によっては、その効力を制限しようとする裁判
例も存在します。例えば、生命保険契約の約款に専属的合意管轄が定
められていた事案において、事案における証拠調べの便宜などに照ら
して、事業者による専属的合意管轄の主張を信義則により許さないと
した裁判例（広島高決平成9・3・18判タ962号246頁）なども存在しま
す。

　また、とくにインターネットを通じた取引の約款における国内裁判
所の専属的管轄合意については、近時、「専属的」との文言にかかわ
らず、法定管轄を排除しない付加的管轄を定めたものにすぎない（す
なわち、他の法定管轄を有する裁判所にも提訴できる）と解釈する裁判
例が存在します。

　例えば、インターネットを通じて申し込まれた出資契約の約款につ
いて、東京地方裁判所を専属的合意管轄とする旨の条項があったにも
かかわらず、顧客が仙台地方裁判所に提訴した事案において、裁判所
は、当該管轄合意は「いずれも全31か条に及ぶ長大な契約約款の中の
末尾に置かれているため、通常のコンピューター画面ではスクロール
を繰り返さなければその内容を十分に吟味することができないものと
思われるのに、特に注意を喚起する記載も見当たらず、これから開始
しようとする取引内容とは直接関係しないこともあって、将来の紛争
の発生まで予期してその裁判管轄を意識した上で契約を締結するもの
とはにわかに解し難い」と指摘したうえで、当事者双方の社会的経済
的地位や出頭の容易性を考慮して、当該管轄合意は付加的合意管轄を
定めたものにすぎず、東京地裁には移送しない旨を決定しました（仙
台高決平成26・3・14ウエストロー・ジャパン）。

　また、同様に、インターネットを通じて申し込まれた外国為替証拠

金取引の約款についても、事業者の本店または支店の所在地を管轄する裁判所を専属的合意管轄裁判所とする旨の条項があったにもかかわらず、顧客が事業者の本店・支店のない神戸地方裁判所尼崎支部に提訴した事案において、裁判所は、「本件のようなインターネットのみを媒介とした取引において、電磁的記録の約款上の管轄条項によってなされる管轄合意については、約款に合意しなくては取引を開始することができない上、当該管轄合意を除いた合意をすることができない仕組みになっていることが多く、また、取引開始時において紛争を前提とした条項について顧客が関心を払うことが通常あり得ないこと、約款の内容は取引会社側が一方的に規定することができる上、法定管轄を有する裁判所のうち、取引会社側に有利な特定の裁判所にのみ管轄を限定することは顧客に極めて重大な影響を及ぼすものであることに照らすと、顧客において、約款による合意をした際に、直ちに排他的な専属管轄の合意までしていると解することはできないというべきである。それゆえ、約款上及び約款承諾画面上において、競合する法定管轄裁判所のうち特定の裁判所に限定して管轄裁判所とすることに顧客が合意し、その他の管轄を排除することが顧客にとって明らかであるとか、管轄合意について特に注意喚起がなされている等の特段の事情がない限り、排他的な管轄合意ではなく、法定管轄を排除しないで合意した裁判所との併存を認める旨の合意をしたと解するのが当事者の合理的意思に照らして相当である」と述べ、本件ではそのような特段の事情がないことを踏まえ、付加的な管轄合意をしたにとどまると判断し、事件を事業者の本店・支店を管轄する裁判所に移送しない旨を決定しました（神戸地尼崎支決平成23・10・14判時2133号96頁）。

　これらの裁判例を踏まえると、ウェブ画面上の約款における国内裁判所の専属的管轄合意については、単に約款に掲載するだけでなく、とくに顧客の注意を喚起できるよう、表示方法を工夫することが望ま

しいでしょう。

(b)　専属的合意管轄裁判所以外での訴訟の可能性

　仮に専属的管轄合意が有効であるとしても、裁判所の裁量によって専属的合意管轄裁判所以外での訴訟追行が認められることもあります。

　まず、裁判所は、法定管轄がある場合でも、訴訟の著しい遅滞を避け、または当事者間の衡平を図るため必要があると認めるときは、他の管轄裁判所に移送することができ（民事訴訟法17条）、これは、専属的管轄合意をした場合にも適用されるため（同法20条１項）、裁判所は、同法17条により専属的合意管轄以外の法定管轄のある裁判所に移送することができます。

　また、これとは逆に、専属的合意管轄とは異なる法定管轄裁判所で訴えが提起された場合であっても、民事訴訟法17条・20条１項の法意に照らして、訴訟の著しい遅滞を避け、または当事者間の衡平を図るために必要があるときには、専属的合意管轄裁判所に訴訟を移送しないで訴えが提起された裁判所でそのまま審理を行うことができると判断する裁判例もあります（名古屋高決平成28・8・2判タ1431号105頁等）。

(c)　外国裁判所を専属的合意管轄とする合意

　日本の裁判権を排除し特定の外国の裁判所だけを第一審の管轄裁判所と指定する旨の国際的専属的裁判管轄の合意は、当該事件が日本の裁判権に専属的に服するものではなく（民事訴訟法３条の10）、かつ、指定された外国の裁判所がその外国法上当該事件につき管轄権を有するならば（同法３条の７第４項）、日本の国際民事訴訟法上、原則として有効であると解されています（最判昭和50・11・28民集29巻10号1554頁）。しかし、このような合意が「はなはだしく不合理で公序法に違反するとき等」には無効と判断されるため（前掲・最判昭和50・11・

28、大阪高判平成26・2・20判時2225号77頁、東京高判平成26・11・17判
時2243号28頁等）、例えば、B to B の契約であっても、国内の顧客に
対し、とくに合理的な理由もなく外国の裁判所を指定する専属的合意
管轄は無効になる可能性があります。

(3) 現実的な対応

準拠法・管轄条項は、消費者契約において難しい問題をはらんでお
り、「日本法が準拠法、東京地方裁判所が専属合意管轄」などと定め
ても、顧客の所在地や同意の取得方法によっては、無効とされてしま
う可能性もあります。しかし、紛争によっては有効な場面もあります
し、顧客が管轄合意に応じてくれる可能性もありますので、約款で準
拠法・合意管轄を定めておくことは無意味ではありません。現実的に
も、何らかの準拠法・専属的合意管轄を設けている約款が多いと思わ
れます。

(4) 仲裁合意

外国企業との B to B 取引では仲裁合意がよく用いられますが、日
本の仲裁法では、消費者と事業者との間の仲裁合意は、消費者から解
除できるものとされています（仲裁法附則3条2項）。そのため、消費
者が利用者として想定される約款に仲裁合意を入れると、仲裁手続に
かかる費用がしばしば訴訟より高いことや、消費者は仲裁手続に馴染
みがないことから、紛争発生時に消費者から仲裁合意を解除されて裁
判所で訴訟を提起される可能性が高いといえます。したがって、実効
性の観点から、消費者向けの約款では仲裁条項を入れることはお勧め
できません。

一方、B to B の取引で、かつ、顧客に外国企業を含む場合には、
通常の B to B の契約と同様に、執行可能性などを考慮して、約款に
仲裁合意を入れておくことも十分考えられます。

14　約款の変更

　ひとたび約款を作成して運用を始めても、約款は常にメンテナンスが必要であり、見直しの検討をした結果、約款の内容を変更する必要が生じることがあります（詳細は**第8章**）。

　そのような場合に、民法改正で新たに設けられた定型約款の変更の手続を利用することが想定されており、顧客にとって不利益となりうる変更は、①契約をした目的に反せず、かつ、②変更が合理的なものであるときに、この手続を利用することができます（**第3章6**）。そして、不利益変更の際には、約款の変更をすることがある旨の条項を約款の中に設けてあれば、②の変更の合理性の1つの事情として考慮されます。

　したがって、約款の変更に関する条項を設けておき、将来の約款変更に備えるのが望ましいですが、単に「約款を変更することがある」旨だけを記載していては、合理性を認める事情とはならないとされています（Q&A134頁）。よって、約款の変更を将来行うことがある旨とともに、変更を実施する条件や、変更を実施するための手続などを定めておく必要があります（Q&A134頁。例えば、以下の規定例）。ただし、改正民法では、顧客の利益に配慮した定型約款の変更の手続が設けられた以上、それと異なる変更手続（例えば、変更の際に顧客への周知を要しない等）を約款に定めても効力が認められない可能性があることに留意が必要です（Q&A141頁）。

〈規定例〉

第○条　規約の変更

1.　当社は、法令の改正、社会情勢の変化その他の事情により、本規約を変更する必要が生じた場合には、民法（明治29年法律

第89号）第548条の4（定型約款の変更）に基づき、本規約を
変更することができます。

2．当社は、前項の規定により本規約を変更する場合、その効力
発生日を定め、効力発生日までに、当社のウェブサイトへの掲
載その他の方法により以下の事項を周知するものとします。

①　本規約を変更する旨

②　変更後の本規約の内容

③　効力発生日

15　その他（秘密保持・知的財産・業法等）

以上の一般的な条項に加えて、以下の通り、業態に応じて異なるさ
まざまな条項を追加する必要があります。

すなわち、とくにB to B取引の商品などの場合、企業が顧客に対
して技術上・営業上の秘密を開示することもありえます。そのような
場合には、顧客による秘密情報の漏えいおよび目的外利用を禁じるた
め、秘密保持に係る条項を入れる必要があります。

また、ウェブサービス、スマホのアプリサービスなど、事業者が提
供するサービスの中で知的財産権の利用を伴うものや、利用者の側が
利用の中で知的財産権のあるコンテンツを作成するもの、利用者の行
為が他人の知的財産権の侵害を伴いうるものについては、知的財産権
の取扱いについて定める条項を設けるのが一般的です。

さらに、ビジネスに適用される業法やガイドラインによって、契約
上の何らかの定めを置く必要がある場合には、それを満たすための条
項を追加する必要があります。

16　附則

　通常の契約書にも契約書の効力発生日の記載があるように、約款にもいつから当該約款が適用されるのかを明記しておくべきであり、そのような事項は附則に記載されるのが通常です。

　ひとたび約款を作成した後に、約款に変更が加えられた場合には、約款の改正とその適用時期、経過措置がある場合にはその旨を記載しておくのが適用関係の明確化のためによいでしょう。

〈規定例〉

附　　則（○年○月○日）

この利用規約は、○年○月○日から適用されます。

附　　則（○年○月○日一部改定）

この改定は、○年○月○日から適用されます。

附　　則（○年○月○日改定）

この改定は、○年○月○日から適用されます。ただし、この改定前にお客様が支払義務を負ったサービス料金その他の債務については、なお従前の通りとします。

第6章 民法を踏まえた約款運用のポイント

　約款を運用する際には、段階ごとに留意すべきポイントがあります。

　まず、事業を始める前に、準備した約款が、改正民法に定める定型約款にあたるかどうかを確認します。定型約款にあたる場合には、改正民法の規定に従って約款を運用しなければなりません。他方、定型約款にあたらない場合は、改正民法の規定は直ちには適用されませんが、約款の運用に際して改正民法の規定を意識しておくことは必要です。

　次に、準備した約款が顧客との間の契約の内容となるよう手続を確認し、約款の内容表示に関する方針を決めなければなりません。

　そして、契約締結後にも、顧客から、約款に関する問い合わせを受けたり、約款の内容を示すよう求められたりすることがあるので、この対応方法も検討事項になります。

　本章では、これらの段階ごとに、約款運用のポイントを解説します。

1　定型約款該当性の判断

　第3章3⑵の通り、定型約款とは、①ある特定の者が不特定多数の者を相手方として行う取引であって、②その内容の全部または一部が画一的であることがその双方にとって合理的なものにおいて、③契約の内容とすることを目的として、その特定の者により準備された条項

の総体をいいます（改正民法548条の２第１項）。

(1)　定型約款の具体例

〔i〕　定型約款の該当例

・鉄道等の旅客運送約款

・電気やガスの供給約款

・銀行預金規定

・保険約款

・ネットショッピング規約

・SNS 利用規約

・ソフトウェア利用規約

・クレジットカード会員規約

　上記は、定型約款に該当する典型例です。では、例えば、消費者ローン契約の締結に際して金融機関があらかじめ用意する契約書のフォームは、定型約款に該当するでしょうか。

　①の「不特定多数の者を相手方として行う取引」の要件は、相手方の個性に着目する取引を定型取引から除外するための要件です。金融機関は、消費者ローン契約を締結するかどうかの判断に際して、借入人の信用情報に毀損があるか、借入人が多重債務者でないか、借入人の返済能力に問題はないかといった点を審査することから、一見相手方の個性に着目した取引として、不特定多数の者を相手方として行う取引とはいえないようにも思えます。しかし、消費者ローン契約では、大量の契約業務を迅速に処理する必要があり、また、貸付は定型的な設計になっていることから、上記審査は、金融機関があらかじめ定めた一定の基準に従い、画一的に行われるにすぎません。したがって、借入人の個性に着目した取引とはいえず、不特定多数の者を相手

方として行う取引といえます。また、実務上、契約書のフォームの修正は認められておらず、契約内容の画一性が認められ、かつ、内容画一化により迅速な契約締結という借入人の希望にも沿う結果となること、そしてコスト削減による利益を借入人も享受しているといえることから、契約内容が画一的であることが双方にとって合理的といえます。よって、消費者ローン契約書のフォームは、定型約款に該当すると考えられます。

　なお、一般的な金銭消費貸借契約について、常に審査が画一的に行われているとまではいえません。通常は、資金使途、貸付方法、債務者の資力などの違いから、審査手法も案件ごとに異なると思われます。また、仮にフォームがあるとしても、交渉により修正をすることが予定されており、画一性も認められません。したがって、金銭消費貸借契約のフォームが常に定型約款に該当するとはいえません。

　(ii)　定型約款の非該当例

・労働契約書
・B to B 取引の契約書ひな型

　上記は、定型約款に該当しないと考えられている典型例です。

　労働契約は、人格や能力など、当該労働者の個性に応じて締結されるものであり、「不特定多数の者を相手方として行う取引」とはいえないため、労働契約書のフォームは定型約款にあたりません。

　B to B 取引の契約書ひな型については、事業者同士であれば一般的に契約締結に際して交渉があり、多くの場合、ひな型は交渉のたたき台にすぎません。あるいは、結果的に契約内容が画一的になるとしても、それは当事者の交渉力の格差による場合が多く、ほとんどの場合、契約内容が画一的であることが双方にとって合理的とはいえない

ため、B to B 取引の契約書ひな型は、基本的に定型約款にあたらないと考えられています。

　　(ⅲ)　定型約款に該当するか議論があるもの

・銀行取引約定書

・住宅ローンの契約書フォーム

・賃貸借契約書のフォーム

　上記は、定型約款に該当するか議論があるものです。

　銀行取引約定書とは、銀行取引において銀行が取引先との間で与信取引をする際に適用される基本的なルールを定めた約定書をいいます。銀行取引約定書も B to B 取引において用いられるものですが、主に実態に関する認識の違いから、結論に違いが生じています。すなわち、顧客の交渉力次第で、要望に応じて、失期条項や増担保条項などの重要な部分に修正が加えられたり特則が設けられたりすることが一般的にありうると考えるのであれば、相手方との交渉が予定されているものとして、内容の画一性が認められず、定型約款にも該当しないとの結論になります。これに対し、銀行取引約定書に修正が加えられたり特則が設けられたりするのは極めて稀であり、ほとんどの場合、交渉力の強い顧客との関係でも条項を変えることはないとの実態認識もありえます。この認識に立ち、かつ、銀行取引約定書の内容の画一性により銀行の管理の負担が大幅に軽減され、それが顧客にもメリットとして還元されていると考えるのであれば、内容が画一的であることが双方にとって合理的であるため、定型約款に該当するとの結論になります。

　同様に、住宅ローンの契約書フォームについても、実態に関する認識の違いから、結論に違いが生じています。住宅ローン取引において

は、貸付額が顧客の収入や購入対象の不動産の価値などによって異なりますが、その判断は、相手方の資質などの個性に着目して行われているわけではなく、一定のモデルに従って機械的に行われているとの認識から、定型約款該当性を肯定する考え方があります（Q&A54頁）。他方、金額やライフイベントにおける重要性にも鑑み、契約条件など相応の説明や審査を実施するのが通常であるとし、定型約款該当性を否定する考え方もあります。

　では、不動産の賃貸借契約の締結に際して使用される契約書フォームはどうでしょうか。このようなフォームにより、結果的に契約内容が画一的になる場合があります。もっとも、これは、賃貸人と賃借人の交渉力の違いによるものであり、通常は、契約内容が画一的であることが賃借人にとっても合理的であるとはいえません。したがって、原則として賃貸借契約書のフォームは定型約款に該当しないと考えられます。

　他方、大手不動産会社が複数の大規模居住用建物について同一のフォームを使用して賃貸借契約を締結するような場合には、契約内容を画一化することで管理コストが低減し、賃借人も利益を享受することがあり、そのような場合には例外的に定型約款に該当しうると考えられています（一問一答246頁）。

(2)　応用的な事例

(i)　個別に内容を決定する合意

　事業者により、あらかじめ約款が準備されている場合であっても、顧客との間で個別に一部の条項について異なる内容で合意をすることがあります。このような場合に、当該約款は定型約款に該当しないことになるでしょうか。

　条文上は、取引内容の全部または一部が画一的であることが双方にとって合理的であることが要求されています。一部の条項につき修正

されることがありうるとしても、例外的な理由に基づき、ごく稀に修正されるにすぎない場合には、当該条項を含め、取引内容の「全部」について画一性が否定されることはなく、定型約款にあたると考えられます。

　他方、一部の条項について修正されることが稀ではなく、一般的に修正が予定されているような場合には、その一部の条項は、契約の内容とすることを目的として準備された条項とはいえず、定型約款にあたりません。その条項を除いた残りの部分が定型約款に該当するのかどうかを検討することになります。定型約款として民法の規律を及ぼすためには、些末な点に少しでも画一的な部分があればよいというわけではなく、取引の重要な部分のほとんどにおいて画一性が認められることが必要と考えられています。したがって、ここでは、修正が予定される条項を除いた残りの条項の分量やその内容の重要性などがポイントになります。

　これに関し、契約書において金額や期間などが空欄になっており、当事者ごとに個別の数値を入れるような場合もあります。この場合、空欄部分は、契約の内容とすることを目的として準備された条項とはいえないため、定型約款に含まれないことに異論はありません。残りの部分については、その分量や内容の重要性から、定型約款該当性が検討されることになります。金額や期間など、取引の重要な部分が空欄部分になっている場合には、残りの部分が画一的であったとしても、取引の重要な部分のほとんどにおいて画一的であるとはいえない可能性はあります。もっとも、携帯電話の料金プランのように、期間、料金等の空欄部分の補充がパターン化されている場合には、空欄部分の補充が必要であったとしても、そのことが定型約款該当性の判断において消極的に考慮されることはないとされています（Q&A26頁）。

(ii) 内規の引用

　事業者が内規を作成し、定型約款において内規を引用する形で規定が設けられることがあります。例えば、以下のような場合です。

〈内規を引用している条項例〉
① 「乙（顧客）が本契約を解除する場合は、当社所定のキャンセルポリシーによるものとします」
② 「乙（顧客）は、事前に届け出た氏名・住所などに変更があった場合は、別途当社の定める規定に従い変更届を提出するものとします」

　このような場合に、引用される内規は定型約款にあたるでしょうか。内規が定型約款にあたるのであれば、内規についても表示請求や不当条項規制、変更に関する要件・手続といった各種の定型約款に関するルール（第3章）が適用されることになります。

　この点については、内規の内容次第であり、内規が当事者の権利義務関係を定めているなど、実質的に契約内容を定めているといえる場合には、定型約款にあたると考えられます。

　例えば、上記①のキャンセルポリシーは、顧客の解除権という重要な権利関係を定めるものであり、実質的に契約内容を定めるものとして、定型約款にあたると考えられます。ほかには、「○○の場合には、当社の定める割合で金員を支払います」といったように内規において給付条件が定められている場合も、内規は実質的な契約内容を定めるものとして、定型約款にあたると考えられます。

　他方、上記②の内規は、変更届の提出方法を定めるものですが、これはもともと事業者の裁量に委ねられている事項といえます。顧客の権利義務関係に大きな影響を及ぼすものではなく、実質的に契約内容

を定めるものともいえないため、定型約款にあたらないと考えられます。

　内規が定型約款にあたる場合には、顧客から内容の開示を求められた場合、事業者は遅滞なく、相当な方法で内規の内容を示す必要があります（改正民法548条の３第１項）。また、内規に不当な条項が含まれている場合には、不当条項として当該内規の拘束力が否定される可能性がありますし（同法548条の２第２項）、内規を変更する場合には、民法で定められた要件を満たす必要があります（同法548条の４）。さらに、内規の内容が公表されていない場合には、「当社所定の内規による」という条項自体が不当条項であると判断されるおそれもあります。したがって、事業者としては、内規において、顧客の権利義務関係に関わるような実質的な契約内容を規定しないように注意する必要があります。そのような内容が含まれているのであれば、内規ではなく約款自体に記載しておくべきです。

　　(ⅲ)　付帯サービスに関する条項

　主たるサービスに付随して無償で付帯サービスが提供されることがあります。例えば、自動車保険に付帯されるロードサービス（レッカーサービス）のようなものです。このような付帯サービスに関する規約は、定型約款にあたるでしょうか。

　これについては、まず、①無償で提供されている付帯サービスが、事業者としてサービスを提供するという給付の実現を引き受けたかどうかという意味で、事業者の給付義務に含まれているのか（取引に該当するのか）が問題となり、給付義務に含まれているのであれば、②取引が定型取引にあたるか、付帯サービスにかかる規約が定型約款にあたるかが問題になります。①に関して、付帯サービスは、顧客の満足度を上げ、企業イメージを向上させるために、あくまで事業者の裁量で提供されるものにすぎない（顧客は法的権利を有するものではない）

から、事業者の給付義務に含まれない、あるいは、取引とはいえない
と考えられる場合はあります（Q&A35頁）。他方で、契約当事者の認
識、取引をするかどうかの判断に影響を与える程度、主たるサービス
と付帯サービスとの関連性、付帯サービスによって顧客が享受できる
利益の程度、付帯サービスを享受することと引換えに顧客が被る経済
的負担などによっては、付帯サービスの提供が給付義務に含まれると
判断される場合もあります。

　この例では、ロードサービスは、自動車保険において一般的に付帯
されているものであり、その内容は、自動車の運転に関する不測の事
態に備えるサービスという点で自動車保険とも密接に関わるもので
す。また、一般的にロードサービスにより顧客が受ける利益は大き
く、顧客としても自動車保険の締結に際して、ロードサービスの有無
や内容を重視することから、取引をするかどうかの判断に与える影響
の程度も大きいと考えられます。したがって、ロードサービスは、保
険会社の給付義務に含まれると考えられます（①）。そして、ロード
サービスは、顧客ごとに契約内容が修正されることは通常予定されて
おらず、内容に画一性が認められますし、自動車保険に付帯して画一
的に提供されることにより、顧客は迅速かつ無償でロードサービスを
利用することが可能となるため、契約内容が画一的であることが双方
にとって合理的といえます。よってロードサービスに関する規約が存
在する場合は、定型約款に該当する可能性があります（②）。

　他方で、例えば、主たるサービスに付帯して、会員に対して、地域
のお得情報などが記載された情報誌が無償で提供されるような場合も
あります。一概にはいえませんが、この付帯サービスにより受ける顧
客の利益は必ずしも大きいとはいえず、また、顧客もこれを期待して
契約を締結するような場合は少ないのではないかと思われます。した
がって、このサービスは、事業者の給付義務に含まれるとはいえず

（①）、このサービスに関して規約が定められていたとしても、定型約款にはあたらない場合が多いと思われます。

　このように、付帯サービスが事業者の給付義務に含まれるか、そしてそれに関する規約が定型約款にあたるかを判断するにあたっては、上記の判断要素を幅広く検討する必要があります。

　事業者としては、仮に自社の付帯サービスが給付義務に含まれないと整理する場合には、付帯サービスに関する規約に「当社はこのサービスの給付義務を負わず、予告なくその内容を変更し、またはサービスの全部または一部の提供を中止することがあります」といった記載をしておくべきです。これにより、必ず給付義務に含まれないことになるわけではありませんが、判断の際の一要素にはなると思われます。

⑶　約款が定型約款にあたらない場合の対応

　準備した約款が定型約款にあたらない場合には、改正民法の規定が直接適用されることはありません。この場合、改正民法以前に形成された約款法理が適用される可能性もありますが、改正民法が類推適用される可能性もあります。あるいは、民法の一般原則に戻ったうえで、改正民法の新たな規律内容がしん酌される可能性もあります。

　したがって、準備した約款が定型約款にあたらない場合であっても、改正民法の規定を意識した運用を心掛けるのがよいでしょう。

2　約款を契約の内容とするための手続

　契約締結時には、事前に準備した約款が契約内容となるよう必要な手続を踏むことが必要です。

　約款が定型約款にあたる場合には、当事者間で定型約款を契約内容とする旨の合意をするか、または定型約款を契約内容とする旨をあらかじめ顧客に対して表示する必要があります（改正民法548条の2第1

項）。要件としてはどちらでも問題ありませんが、顧客との間で定型約款の拘束力をめぐる争いが生じるのを防ぐため、可能な限り、顧客の意思が明確にわかる形で定型約款を契約の内容とする旨合意することを目指すべきです。

契約内容とする旨の合意の形式としては、書面上での合意やウェブサイト上でボタンをクリックさせることによる合意などが多いと考えられますが、電話勧誘取引などでは、口頭で合意することも考えられます。

他方、ボタンのクリックを求めないインターネットサービスのように、顧客との合意が困難な場合には、顧客に対して定型約款を契約内容とする旨の表示をしておく必要があります。

また、契約内容とする旨の合意や表示の方法を決定する際には、記録化・証拠化という点も意識する必要があります。なぜなら、契約当事者間で紛争になった場合には、事業者側が、定型約款が契約内容となったこと、すなわち定型約款を契約の内容とする旨合意したことまたは定型約款を契約内容とする旨の表示をしたことを主張・立証する必要があるからです。

約款が定型約款に該当しない場合にも、紛争の未然防止として、このような合意または表示を備えておくことは重要です。

(1)　書面による合意

書面により約款を契約内容とする旨の合意をする例は、以下の通りです。

〈書面による合意の例〉
「当行所定の預金口座規定を適用することに同意します」と記載された預金口座開設申込書に署名・押印させたうえで申込みを受け付けた。

　この例では、預金口座開設申込書から、預金口座規定を契約内容とする旨の合意があったことが推認できます。また、後日紛争になった場合には、申込書を証拠として提出することができます。

　なお、顧客が「当行所定の預金口座規定を適用することに同意します」との文言すら認識していないときは、約款を契約の内容とする旨の合意がされたとはいえないおそれがあります。そこで、申込書においては、この文言を目立つようにわかりやすく記載して、顧客に注意を向けさせる必要があります。

⑵　ウェブサイト上での合意

　ウェブサイトを利用した取引においては、以下の通り、ウェブサイト上で、約款を契約内容とすることに同意する旨のボタンをクリックさせることにより、顧客の同意を取得することが考えられます。

〈ウェブサイト上での合意の例〉
インターネット通信販売のウェブサイト上で、顧客に「当社利用約款を適用することに同意のうえ、申し込みます」とのボタンをクリックさせて購入の申込みを受けた。

　記録化という観点からは、同意ボタンのクリックのログデータを保存しておくことが望まれます。

　なお、申込書やウェブサイトに記載する文言として、約款を特定せずに「当社の作成する約款を適用することに同意します」などとする例もみられます。この点については、顧客が、定型約款の存在と利用とを抽象的に認識していれば足り、適用される約款を特定する必要まではないとの考え方もありますが、後に紛争になった場合のことを考えれば、可能な限り、適用される約款を文言上も特定しておくことが安全です。

⑶　口頭での合意

　約款を契約内容とする旨の同意は、以下の例のように、口頭による
ものであっても問題ありません。

〈口頭での合意の例〉
学習教材の購入を電話で勧誘し、購入申込みを受けたので、口頭
で「ご購入いただきありがとうございます。お取引条件の詳細は
当社の規約をご覧ください」と告げたところ、顧客は「わかりま
した」と答えた。

　仮に、顧客の返答がなくとも、少なくとも規約を契約内容とする旨
の表示は認められると考えられます。

　記録化・証拠化という観点からは、通話を録音するか、あるいは自
動音声のように画一的に同じ音声を流すようにしておくことが必要で
す。また、契約締結直後に約款を郵送またはメールで送信すれば、契
約締結時に約款を契約内容とする旨表示したことを間接的に立証する
のに役立ちます。

⑷　約款を契約の内容とする旨の表示

　約款を契約の内容とする手続を進める際には、顧客の意思が明確に
わかる形で約款を契約の内容とする旨合意することを目指すべきです
が、ボタンのクリックを求めていないインターネットサービスのよう
に、顧客から同意を取得することが困難な場合もあります。そのよう
な場合には、以下の例のように、約款を契約の内容とする旨を顧客に
表示する方法をとることになります。

〈約款を契約の内容とする旨の表示の例〉
地域のイベント情報、クチコミ情報を取り扱うポータルサイトの

> トップページの上部に、「本サイトの利用者には、本サイト利用
> 規約が適用されます」との文言を掲載した。

　改正民法では、「表示」があったといえるためには、定型約款を契
約の内容とする旨をあらかじめ相手方に対して個別に表示しているこ
とが必要です。したがって、相手方がサービスの申込みを完了するま
でに、定型約款を契約の内容とする旨の文言を掲載した画面が現れる
ようにしておく必要があります。

　この例では、ポータルサイトの利用に際して必ずトップページを経
由する場合には、トップページ上に「本サイトの利用を開始した場合
には、本サイト利用規約に同意したものとみなします」といった文言
や「本サイトの利用者には、本サイト利用規約が適用されます」と
いった文言を掲載しておくことで、必要な「表示」を行っているとい
えます。また、トップページ上に利用規約へのリンクなどを掲載して
いる場合にも、その利用規約が適用されることは明らかであるため、
必要な表示を行っていると評価できると考えられます。とはいえ、こ
の事例のようなポータルサイトの利用規約であれば、顧客の権利義務
について詳細な規定を置くことは少ないと思われますが、サービス内
容によっては、規約において顧客の権利義務について詳細に規定する
必要がある場合もあります。そのような場合には、利用規約のリンク
などの掲載にとどまらず、上記のような文言を掲載することにより、
利用規約が適用されることを明示してより具体的に表示をすることが
望まれます。

　なお、事業者としては、利用者の心理的な抵抗感を避けるために、
トップページの目立つ場所に上記のような文言や利用規約へのリンク
を掲載することは、できる限り避けたいと考えるのではないかと思わ
れます。この点については、ページをスクロールしてその最下部まで

進まなければ利用規約のリンクを見ることができない場合であって
も、ページとしての一体性があるといえるのであれば、必要な表示が
あると評価できますが、あえて発見が困難な離れた場所にリンクを置
いているような場合には、ページとしての一体性があるとはいえず、
必要な表示があるとはいえないとの指摘もあります（Q&A72頁）。事
業者としては、このような指摘があることも踏まえ、規約が適用され
る旨の文言や利用規約のリンクは、利用者が容易に発見できる箇所に
掲載する必要があります。以下の例のように、約款の頭書や条項中に
「サイト利用規約に同意したものとみなします」といった記載がある
のみでは、必要な表示があったとはいえないと考えられます。

〈約款中に「同意したものとみなす」旨の条項が規定されている例〉
地域のイベント情報、クチコミ情報を取り扱うポータルサイトの
サイト利用規約の第1条に「本サービスの利用を開始した場合に
は、本サイト利用規約に同意したものとみなします」との条項を
規定した。

　なお、経済産業省「電子商取引及び情報財取引等に関する準則」
（平成30年7月）では、ウェブサイトを通じた取引やウェブサイトの利
用に関して、サイト利用規約が利用者との契約に組み入れられるため
には、①サイト利用規約があらかじめ利用者に対して適切に開示され
ていること、および②当該ウェブサイトの表記や構成および取引申込
みの仕組みに照らして利用者がサイト利用規約の条件に従って取引を
行う意思をもってサイト運営者に対して取引を申し入れたと認定でき
ることが必要であるとされています。そして、それを前提に、取引の
申込みにあたりサイト利用規約への同意クリックが要求されている場
合はもちろん、例えば取引の申込み画面（例えば、購入ボタンが表示さ

れる画面）にわかりやすくサイト利用規約へのリンクを設置するなど、当該取引がサイト利用規約に従い行われることを明瞭に告知し、かつサイト利用規約を容易にアクセスできるように開示している場合には、必ずしもサイト利用規約への同意クリックを要求する仕組みまでなくても、購入ボタンのクリック等により取引の申込みが行われることをもって、サイト利用規約の条件に従って取引を行う意思を認めることができるとしています（同準則23−24頁）。

　改正民法では、定型約款が契約の内容となるために、定型約款の内容があらかじめ開示されていることまでは要求されていません。同準則は、民法改正前のものであり、また、事業者に対する監督行政のための指針にすぎません。とはいえ、顧客の利益という観点からは、必ずしも法律の最低限の要請さえ満たしていればよいとはいえないと思われます。ウェブサイトを通じたサービスを提供する際には、同準則も参考にして約款の表示方法を検討することが望まれます。

3　約款の内容を表示する時期

　改正民法では、顧客から定型約款の内容を示すよう請求された場合、事業者は、遅滞なく定型約款の内容を示す義務を負います（改正民法548条の3第1項）。これは、約款内容の表示義務であり、前記2(4)の約款を契約内容とする旨の表示とは異なります。

　定型取引合意前に表示の請求がされた場合には、基本的に事業者は、定型取引の合意前に定型約款の内容を示す必要があります。

　他方、顧客から定型取引の合意前に定型約款の内容表示請求がなければ、事業者は、必ずしも定型取引の合意前に定型約款の内容を示さなければならないわけではありません。しかし、この場合でも事業者としては、可能であれば定型取引の合意前に顧客に対して定型約款の内容を示しておくべきです。なぜなら、改正民法548条の2第2項（不

当条項に関する規定）においては、内容の不当性と不意打ち的要素が総合考慮されてみなし合意の成否が判断されるため、条項内容の不当性がごく軽微なものであれば、定型約款の内容を事前に示しておくことにより、みなし合意が否定されることを免れる可能性もあるからです。また、事業者と消費者間の取引であれば消費者契約法が適用されるところ、同法3条1項2号では、事業者の義務として、個々の消費者の知識および経験を考慮したうえで、消費者の権利義務その他の消費者契約の内容についての必要な情報を提供することが定められています。この事業者の義務は努力義務ですが、定型取引の合意前に定型約款の内容を表示したかどうかは、同法に基づいて不当条項の該当性を判断する際の考慮要素になる可能性があります。定型取引の合意前に定型約款の内容を示さないことにより、情報提供義務違反を理由として、事業者が損害賠償責任を負う可能性も否定できません。さらに、事業者が顧客に対して、事前に定型約款を記載した書面を交付し、またはこれを記録した電磁的記録を提供していれば、その後に顧客から表示請求があったとしてもこれを拒むことができるというメリットもあります（改正民法548条の3第1項）。

　以上のことから、改正民法においては、事業者は、顧客から表示請求がない限り、必ずしも定型約款の内容を示さなければならないわけではありませんが、可能であれば定型取引の合意前に定型約款の内容を示すべきです。とくに顧客に不利益を課す条項については、当該条項のみを抜粋し注意喚起をする、あるいは顧客に個別に説明するといった対応も検討すべきでしょう。

　なお、民法改正前の議論では、約款の組入れの前提として、相手方に約款の存在の認識可能性があることが必要との考え方も有力でした。したがって、定型約款に該当しない約款についても、取引前に約款の内容を表示しておくのがよいでしょう。

4　約款の内容を表示する方法

　事業者は、どのような方法で定型約款の内容を顧客に対して示すことが望ましいでしょうか。

　基本的には、自身の事業の形態や想定される顧客の属性などから方法を検討することになりますが、争いになった場合に備えて証拠化・記録化の観点を意識することも重要です。なぜなら、改正民法では、顧客から定型取引の合意前にされた約款内容の表示請求につき、事業者が正当な事由なくこれを拒んだ場合には、みなし合意の効力が否定されるところ（改正民法548条の3第2項）、訴訟においては、事業者が顧客からの表示請求に対して遅滞なく約款の内容を示したことを立証しなければならないからです。

(1)　書面の交付・電磁的記録の提供

　約款内容を示す方法としては、約款内容を記載した書面や電磁的記録（PDFなど）を顧客に提供することが考えられます。改正民法では、これにより、「相当な方法」で定型約款の内容を示したことになります（改正民法548条の3第1項）。とくに、事業者と顧客が対面したうえで契約を締結するような取引では、多くの場合、契約締結時に約款内容を記載した書面やデータを格納したCD-ROMやDVDなどが手交されています。

　約款の内容を遅滞なく顧客に示したことを記録化・証拠化するために、対面で書面やCD-ROM、DVDなどを手交する場合には、顧客から受領したことを確認するサインを取り付けることが考えられ、これらを送付する場合には、事業者において送付記録を保存しておくか、送付方法・送付年月日などの情報を都度記録化しておくことが考えられます。PDFなどをメールで送信する場合には、メールの履歴やログを保存しておくべきです。

⑵　ウェブサイトへの掲載

　ほかに約款の内容を示す方法として、ウェブサイト上に約款の内容を掲載しておくことも考えられます。

　具体的な方法としては、顧客が取引申込みボタンや約款への同意ボタンをクリックするような設計になっている場合には、当該ボタンと同一画面上に約款全文を掲載したり、約款の条項自体は掲載しなくとも、約款を参照することができるウェブサイトのURLやリンクを掲載するなどの方法が考えられます。

　顧客が約款への同意ボタンをクリックすることが予定されない場合には、トップページなどサービスを利用する前に目にする可能性が高い画面において、発見が容易な箇所にURLやリンクを掲載することが考えられます。

　改正民法では、顧客からの定型約款の内容の表示請求に対し、定型約款を参照することができるウェブサイトのURLやアクセス方法を示すことにより、相当な方法で定型約款の内容を示したといえる場合もあります（改正民法548条の3第1項）（**第3章5⑷(ⅰ)**）。もっとも、記録化・証拠化という観点からは、メールでウェブサイトのURLやアクセス方法を伝える場合には、メールの履歴やログを保存しておく必要があります。口頭で伝える場合には、自動音声にするか、音声を録音しておくことが望ましいです。

5　表示する約款の種類

　改正民法では、顧客からの表示請求に基づき事業者が表示義務を負うのは、表示請求がなされた時点で有効な定型約款です（改正民法548条の3第1項）。しかし、その場合でも、契約または信義則に基づく表示義務として、過去の特定の時点の約款（例えば、紛争が生じた時点において有効な約款）を表示する義務を負う可能性があります。したがっ

て、約款が修正された場合であっても、請求があった場合に備えて、また、将来の紛争に備えるという観点からも、過去の約款も確認できるようにしておく必要があります。

経済産業省「電子商取引及び情報財取引等に関する準則」（平成30年7月）27頁では、以下のような記述があり、参考になります。

サイト利用規約の変更履歴の保存の必要性

適用されるべきサイト利用規約の記載内容につき万が一利用者と紛争が生じた場合には、取引時点のサイト利用規約の内容やその変更時期などについてはサイト運営者が立証すべきであるとされる可能性が高い。その理由としては、サイト運営者側はサイト利用規約を含めたサイト上の情報を作成しサーバー等で管理しておりサイト利用規約の変更履歴等を保存することが容易な立場にあること、及び通常の書面ベースの契約と異なり電子消費者契約では利用者側にサイト利用規約の内容の証拠となる電磁的記録が残らない仕組みが一般的であることが挙げられる。したがって、サイト運営者は、将来の紛争に備えて、何時、どのようなサイト利用規約をウェブサイトに掲載し、何時どのような変更を行ったのかの履歴を記録しておくことが望ましい。

6　顧客による表示請求方法の限定

事務処理上の手続のため、あるいは、顧客からの表示請求とそれに対する対応の管理を容易にすることを目的として、約款中に、顧客による約款内容の表示請求の方法を限定する条項を設けることが考えられます。例えば、「利用者は、約款の表示を請求する場合は、会社所定の書式によります」といったような条項です。このような条項は、

目的が合理的であり、かつ、顧客の負担を著しく増大させない場合には、有効な規定として当事者の契約内容になると考えられます。もっとも、高齢者向けのサービスのように、インターネットを利用していない顧客が多数想定されるにもかかわらず、表示請求はインターネット上の所定の方法に限定するといったように、顧客の負担を著しく増大させるような条項は、改正民法548条の2第2項や消費者契約法10条などにより、当該条項の効力が否定される可能性があります（Q&A123頁）。

　このような条項の効力が認められる場合、仮に定型約款について規定された方法によらずに内容の表示が請求されたとしても、改正民法548条の3第1項の表示請求は存在しないため、これを拒んでも、事業者は直ちには表示義務違反にはならないと考えられます。もっとも、限定された方法によらずとも請求方法を限定した目的が達せられるような場合には、同項の表示請求が存在するものとして扱われ、これを拒むことには、正当な事由がないと判断される可能性もあります（Q&A124頁）。

7　顧客からの問い合わせへの対応方針

　契約締結後、顧客から、約款の内容に関する問い合わせがある可能性があります。事業者としては、取引当事者としての契約または信義則に基づく義務として、問い合わせに応対する義務があると判断される可能性もあり、基本的な問い合わせについては回答できるよう、約款作成・見直し時における議論を整理しておくべきです。

　また、約款作成・見直しに直接関与した担当者が、顧客からの問い合わせに応じるのであれば問題は少ないと思われますが、例えばコールセンターの職員のように、約款作成・見直しにまったく関与していない者が、顧客からの一次的な問い合わせに応対することもありえま

す。このような場合に、コールセンターの職員が誤った約款解釈を述べてしまうと、説明義務違反を理由に損害賠償責任を負う可能性がありますし、その後の交渉・訴訟に影響が及ぶ可能性や、他の顧客との関係で問題が生じる可能性もあります。

　したがって、基本的な問い合わせについては、統一的な回答を用意し、各応対者において第一次的な回答をするとしても、約款解釈に関わり慎重な判断を要する問い合わせについては、回答の窓口を一本化するべきです。また、そのような問い合わせに対しては、必要以上に踏み込んだ言及をしないほうが事業者としては安全であるといえます（詳細は**第8章1**）。

第7章 その他の民法改正が約款に 与える影響とその対応

　改正民法は、約款を含む幅広い契約実務に影響を与えうる内容と なっています。**第6章**では、定型約款に関する改正を踏まえた約款運 用のポイントについて解説していますが、改正民法による影響は以上 の点にとどまらず、業態・約款の規定・運用面に照らして留意すべき 点があります。本章では、このような、民法改正が約款に与えるその 他の影響とその対応について解説します。

1　契約一般に関わる改正点

⑴　意思表示の効力発生時期

　改正民法では、意思表示の効力発生時期に関する規定が改正されま した。改正前は、意思表示は相手方に到達したときに効力が発生する のを原則としつつ（到達主義。改正前民法97条1項）、隔地者（郵便を利 用するなど、意思表示が到達するまで時間を要する当事者）間の契約の成 立については、契約を迅速に成立させるため、承諾の通知を発したと きに契約が成立するという発信主義を例外的に採用していました（改 正前民法526条1項）。しかし、郵便事情が悪かった昔とは異なり、通 信手段が高度に発達した現在では、承諾の通知が到達するまでの期間 は短くなり、到達しないという事態も稀となりました。このような時 代の変化を踏まえ、改正民法では例外をなくし、隔地者間の契約で あっても、到達主義を徹底しました（改正民法97条1項）。したがって、 改正民法では、契約の成立時期に関して、承諾の意思表示が到達しな

いリスクや到達まで時間を要するリスクは、承諾者が負うことになります。

　ただし、従前からの解釈通り、意思表示の「到達」とは、相手方が通知を実際に確認することまでは必要とせず、通知が相手方の勢力範囲に入り、相手方にとって了知可能となることで足りるとされます。例えば、通知が相手方の郵便受けに届いた場合や、相手方が同居している配偶者が代わりに通知を受け取った場合などには、通常は「到達」したものと解されます。

　また、相手方が通知を故意に受領拒否するなど、正当な理由もなく通知の到達を妨げた場合には、従来の判例では通知が到達したものとみなされてきましたが、改正民法ではその旨が明文化されました（改正民法97条2項）。したがって、「到達主義」が明確になったからといって実務的に意思表示の到達に大きな問題が生じるわけではありません。

　しかし、改正民法のこの効力発生時期に関する規定は任意規定ですので、当事者間で異なる約定をすることは可能です。従前から、「事業者が郵送により顧客に契約書面を発送した際に、契約が成立するものとする」など、改正前民法の発信主義に則った運用を行っている場合には、申込書等において、そのような実務を、改正民法の到達主義の例外を約するものとして、新たに明記しておく必要があります。また、郵便事情が不安定な外国にいる顧客との取引においては、発信主義を採用して事業者が通知を発送したときに契約が成立するように約定することも考えられます。

　なお、民法の原則通り到達主義を採用する場合であっても、発信主義の場合から、特段、発送実務を変える必要はありません。例えば、到達主義であるからといって、契約締結時に常に内容証明郵便といった到達を証明する手段を使う必要はなく、普通郵便など日頃使ってい

る手段により契約書面を送付しておき、書面が到達せず返送されてき
たときなど、何らかの問題が発生したときにのみ、再送する手段を検
討すれば問題ないでしょう。

(2) 解除・危険負担

　改正前民法では、債務不履行を理由に契約を解除する際には、債務
者に帰責事由が存在する必要があると解されていましたが（改正前民
法543条ただし書）、改正民法では、債務不履行を理由とした解除の際
に債務者の帰責事由は不要となりました。したがって、約款の解除条
項に、事業者が解除する際に顧客の帰責事由を要する旨を記載してい
る場合は、法定の解除事由よりも要件を加重していることになりま
す。例えば、「お客様が故意または過失により本規約に違反した場合」
に事業者から解除ができる旨を記載している場合には、顧客に故意ま
たは過失（帰責事由）がなければ事業者から解除できないため、民法
の規定による法定の解除事由よりも事業者に不利になります。一方、
単に「お客様が本規約に違反した場合」に事業者が解除できる旨を記
載している場合には、改正民法の原則と同じく、顧客の義務違反があ
ればそれだけで解除できることとなります。

　また、改正民法では、債務不履行がその契約および取引上の社会通
念に照らして軽微であるときは、催告解除をすることができない旨が
定められました（改正民法541条ただし書）。さらに、改正前民法では、
一定の場合に催告せずに契約を解除できる旨（無催告解除）が定めら
れていましたが（改正前民法542条・543条）、判例・通説によって実際
には条文に規定された場合以外にも無催告解除が認められてきまし
た。改正民法では、これを踏まえ、契約の全部または一部の無催告解
除がどのような場合に可能かという要件が整理されました。ただし、
これらはいずれも法定の解除事由であり、約款に規定されている任意
の解除条項には直接の影響はありません。したがって、これまでも約

款に規定していたような、どのような場合に催告解除や無催告解除ができるかといった条項を、引き続き明確に規定しておくことが重要です。

　なお、債務不履行を理由とした解除の際に債務者の帰責事由は不要となったことに伴い、危険負担の位置付けも見直され、債務が履行不能となった場合には、債権者は、反対給付の履行を拒むことができる（ただし、債権者に帰責事由があるときは、反対給付の履行を拒むことができない）こととされました（改正民法536条）。

(3)　損害賠償

　改正民法では、債務不履行による損害賠償請求に関し、「債務者の責めに帰することができない事由によるものであるとき」には債務者が免責されることについて、主張立証責任が債務者にあることを明確にし、かつ、免責事由があるかどうかを「契約その他の債務の発生原因及び取引上の社会通念に照らして」判断するものとしました（改正民法415条1項）。これは従来の裁判実務の解釈を明文化したものと解されているため、改正前民法の解釈論が引き継がれるものと考えられ、実務的な影響は大きくないでしょう。

　また、改正民法では、改正前民法では規定がなかった填補賠償（債務の履行に代わる損害賠償）について、要件を明確化しました（改正民法415条2項）。約款においても、法定の要件を参考にして、どのような場合に填補賠償が認められるかを明記しておくことも考えられます。

(4)　債権譲渡・契約上の地位の移転

　民法上、債権の譲渡は、原則として債務者の承諾なくして自由に行えることになっていますが（改正前民法・改正民法466条1項）、当事者の合意で譲渡禁止特約を行うことができます（改正前民法・改正民法466条2項）。改正前民法では、そのような特約は物権的効力を有する、

すなわち特約に反して行われた債権譲渡は無効であると解され、ただし、債務者は特約を善意・無重過失の第三者に対抗できない（そのような場合は債権譲渡は有効になる）とされていました（改正前民法466条2項ただし書）。

　一方、改正民法では、譲渡禁止特約に反して債権譲渡がされた場合、譲渡それ自体は有効とされ（改正民法466条2項）、債務者は、譲渡制限特約について悪意または重過失の譲受人等に対しては債務の履行を拒むことができます（同条3項）。

　また、改正前民法では、個々の債権債務の移転ではなく、契約上の地位そのものを第三者に移転することについて特段の規定は存在しませんでしたが、契約上の地位の移転が認められることについて異論はありませんでした。改正民法では、契約の相手方の承諾を条件に契約上の地位を第三者に移転できることが明文化されました（改正民法539条の2）。

(5)　法定利率

　改正前の民法・商法の法定利率は、年5％（民法に定められた民事法定利率）または6％（商法に定められた商事法定利率）でしたが、改正民法では、民事法定利率を、施行当初は年3％としその後は3年ごとに市場金利に連動して利率の見直しを行う変動制の仕組みに改正するとともに、商事法定利率を廃止して民事法定利率に一本化しました。これにより、契約で定めなかった場合、遅延損害金の利率がいくらになるかは、顧客の支払義務違反のタイミングによって変動しうることになります。このような変動制による遅延損害金の利率を社内で管理するのは煩雑であると思われるため、改正民法の下では、遅延損害金の利率を契約にあらかじめ定めておき、約定利率に一本化すれば、社内の事務コストを減らすことにつながり、かつ、顧客にとっても予測可能性を高めることができます。

⑹　消滅時効

（ⅰ）　改正の影響

　改正民法は、債権の消滅時効について改正前民法になかった「主観的起算点」という概念を取り入れるなど、枠組みを大きく改正しました。消滅時効は、当事者の合意で定めるものではなく、約款には特段の記載をしていないことが通常ですので、消滅時効に関する改正により、約款そのものの修正が必要になる場面は少ないでしょう。もちろん、約款上、契約上の請求権の消滅時効について何らかの記載を設けている場合は、改正に沿った内容に修正するべきです。

　ただ、債権管理の観点から、新たに設けられた「主観的起算点」と従前から存在する「客観的起算点」を一致させるために、期限の利益喪失事由の定めなどについて、約款で工夫をすることも考えられます。

　また、約款を修正する必要がない場合でも、社内における債権の時効管理を見直す必要があります。ここでは、消滅時効に関する改正のうち、債権管理に関してとくに注意すべき点のみを取り上げます。

（ⅱ）　一般の債権の消滅時効

　改正民法は、一般の債権について、①改正前民法の「権利を行使することができる時から10年間」という客観的起算点による消滅時効は維持し（改正民法166条1項2号）、②各種の短期消滅時効、すなわち、職業別各種債権（3年、2年、1年。改正前民法170条〜174条）、商事債権（5年。改正前商法522条）、定期給付債権（5年。改正前民法169条）に関する特別の規定を全廃し、③改正前民法にはない「権利を行使することができることを知った時から5年間」という主観的起算点による消滅時効を新設しました（改正民法166条1項1号）。客観的起算点から10年と、主観的起算点から5年の、いずれか早いほうが到来した時点で消滅時効が完成します。

　債権の時効管理を行ううえでは、新たに導入された「主観的起算点」を踏まえ、消滅時効が何年になるかを具体的に記録していく必要があります。ただ、約款などに基づく取引上の債権については、権利を行使することができる時がいつになるかを、債権者が契約の時点で知っているのが通常ですから、ほとんどの場合は客観的起算点と主観的起算点が一致します。したがって、基本的には取引上の債権は弁済期日（客観的起算点かつ主観的起算点）から 5 年間で消滅するという想定で管理を行うのがよいでしょう。商事債権であればこれまでの商事消滅時効 5 年間と同じですが、民事上の一般の債権では、これまでは10年の消滅時効だったものが、 5 年に短縮されることになります。

　なお、主観的起算点のほうが客観的起算点より遅くなる場合もあることには注意が必要です（その場合は、各起算点からのカウントが必要になります）。そのような債権としては、例えば、停止条件・不確定期限付債権、説明義務違反・安全配慮義務違反等による損害賠償請求権、債権者が直ちには知りえない期限の利益当然喪失事由（当然失期事由。例えば、債務者の所在不明など）が付された貸金債権等が挙げられます。

　　(iii)　条項のドラフティングの工夫

　このように主観的起算点と客観的起算点が異なる場合には、時効管理が煩雑になりますので、約款の文言を作成する際に、両者を一致させるための工夫も考えられます。例えば、顧客の期限の利益喪失事由を定める場合、債権者（自社）が直ちに知りえない事由を当然失期事由とするのではなく、債権者の主観的事由を当然失期事由にしたり（例えば「○○を当社が知ったとき」）、債権者の通知や催告を要する期限の利益請求喪失事由（請求失期事由）としたりすることにより、客観的起算点と主観的起算点を一致させることも考えられます。

(7) 改正民法の経過措置と契約の更新

(i) 改正民法の経過措置の考え方

改正民法の施行日は2020年4月1日ですが、改正民法が施行日以降どの契約に適用されるのかという点は、改正された条項ごとに経過措置が定められています。

定型約款に係る規定については、これまで民法による規律が不明確であったところを明確化したものであることから、施行日前に締結された契約にも適用があります（ただし、解除権のない一方当事者が、改正民法の施行日前日までに書面で反対の意思表示をした場合には、改正民法は適用されず、引き続き改正前民法により解釈されます。改正民法附則33条）。しかし、法的安定性にも配慮し、改正前民法の規定によって生じた効力は妨げないものとされています（**第3章7**）。

一方で、一般的に、取引の当事者は、取引をした時点の法律が適用されると考えるのが通常であり、改正民法を施行日前にされた取引に適用すると当事者の予測を害することから、定型約款を除く他の改正に関する基本的な考え方は、改正民法は施行日前に締結された契約や施行日前に生じた債権債務には適用されない、というものです。したがって、施行日前に締結された契約に、改正民法の売買、賃貸借、消費貸借、請負、委任、寄託等に関する規定は適用されず、改正前民法の規定によって解釈されることになります。

しかし、このように施行日前にされた契約であっても、施行日後に当事者の意思に基づき更新された場合には、更新後の契約に改正民法が適用されるという期待が当事者間にあるといえますので、更新後には改正民法が適用されます。具体的には、当事者の合意によって契約が更新される場合（契約期間満了時に改めて更新合意をする場合や、一方当事者が契約期間満了前に異議を述べない限り自動更新されるとの契約条項に基づき自動更新される場合など）は改正民法が適用されると解さ

れます。また、法律の規定に基づく更新であっても、民法619条1項の賃貸借契約の更新推定のように、当事者の黙示の合意を根拠として更新される場合は、改正民法が適用されるとされています。一方、当事者の意思によらずに法定更新される借地借家法26条、労働契約法19条等はこれにあたらず、更新後も改正前民法が適用されるとされています（一問一答383頁〜384頁）。

　したがって、約款に基づく契約において、自動更新条項や任意の合意により契約が更新された場合には、更新後から改正民法の適用を受けることになります。とくに、自動更新の場合には、契約書や約款を見直す機会を意識的に設ける必要があるでしょう。

　以上を踏まえると、改正民法の施行にあたって、すでに定型約款を用いた取引を行っている事業者においては、以下の点を理解して対応方針を整理することになります。

　①　定型約款の合意（第6章）や定型約款の変更（第8章）などについては、施行日前に締結された契約にも適用があるため、既存の契約も含めて改正民法の内容に沿うように整備する必要があります。具体的には、定型約款準備者として、改正民法施行後を見越した内容に修正する必要があり、とくに、合理的変更に係る変更条項の明記をしておくなどの対応が求められます。

　また、経過措置では改正前民法の規定によって生じた効力は妨げないため、改正前民法の下で約款を利用して締結された契約の成否や個別の条項の拘束力の有無が争われる場合は、改正民法548条の2等は適用されず、改正前民法の解釈により判断されます（Q&A144頁）（第3章7）。しかし、顧客との合意方法が「みなし合意」の組入れ要件を満たすかなどについても、併せて検討しておくべきでしょう。

　②　定型約款に記載された合意内容のうち、改正民法によって影響

を受けうる箇所（例えば、約款を用いた売買契約をしている場合には、売買目的物の契約不適合責任〔瑕疵担保責任〕に関する規定等）については、各改正の経過措置を確認する必要があります。

　基本的な考え方としては、施行日前にされた契約には、改正民法の適用はないため、施行日前の契約と、施行日後の契約を分けて取扱いを検討することになります。

　③　施行日前にされた契約であっても、当事者の意思に基づき契約が施行日以降に更新されると、更新後から改正民法が適用されうるため、更新に際しては、改正民法に対応できているかどうかを検討しなければなりません（なお、更新される契約に関連して、保証契約が存在する場合の対応については、後記2(4)）。

　(ii)　約款に基づく契約の更新に関するその他の留意点

　改正民法では、定型取引合意の際には、定型約款準備者は相手方から請求されれば、定型約款の内容を表示する義務を負います（**第3章5・第6章3**）。

　改正民法では、契約の更新は新契約の締結と同様に扱われる可能性が高いため、更新時にも改めてこのような表示義務を負う可能性があります。したがって、更新後に顧客から定型約款の表示を請求された場合には、すでに更新前に対応していた場合であっても、改めて約款の表示・交付を行うのが望ましいでしょう。

2　契約類型ごとの改正点

　以上のほかにも改正民法では契約類型ごとにさまざまな改正が加えられているため、契約類型ごとに見直すべき点が存在します。

(1)　売買

　改正民法では、従前「瑕疵担保責任」と呼ばれていた売主の担保責任は、「契約不適合責任」という概念に変わり、以下の通り内容も整

理されたため、売買契約では瑕疵担保責任に関連する条項を見直す必要があります。

　まず、改正前民法では、売買の目的物に「隠れた瑕疵」が存在する場合には買主は売買契約の解除・損害賠償請求ができることになっていました。一方、改正民法では、この「隠れた瑕疵」に替えて、引き渡された目的物について、「種類、品質又は数量に関して契約の内容に適合しない」という契約不適合と呼ばれる要件を取り入れました。「隠れた」という要件を外したことで、これまで要求されていた瑕疵があることについての買主の善意・無過失は要求されなくなりました。その他の判断基準自体は、改正前と改正後で実質的な違いはないのではないかと考えられていますが、現行の契約書や約款に「瑕疵」や「隠れた瑕疵」という文言が入っているのであれば、「契約不適合」という文言に置き換えるのが改正民法に沿った対応でしょう。また、当事者が想定する目的物の性状や、売買契約の目的などを具体的に記載しておけば、どのようなものが契約不適合に該当するのかを判断する手掛かりになりますので、そのような事項を契約書や約款の条項に記載しておくことが望まれます。

　また、「契約不適合」があった場合、改正民法では、買主は、履行の追完請求（修補、代物引渡し、不足分引渡し）や代金減額請求をすることができるようになりました（改正民法562条・563条）。さらに、改正前民法では瑕疵担保責任に固有の解除・損害賠償の定めが設けられていましたが、改正民法では、そのような固有の定めは削除され、債務不履行の一般的規律に基づく損害賠償・解除を行うことができるようになりました。したがって、契約書や約款上、改正民法よりも狭い範囲でしか買主の救済手段が記載されていない場合、買主としては、救済手段を改正民法よりも限定したものと解釈されないよう、改正民法によって与えられた救済手段を明記しておく必要があります。

さらに、改正民法では、履行の追完の方法については買主に選択権限がありますが、買主に不相当な負担を課するものでないときは、売主は、買主が請求した方法と異なる方法による履行の追完をすることができるとされています（改正民法562条1項）。したがって、買主が何らかの追完方法を選択して売主に請求したにもかかわらず、売主がそれと異なる追完をし、それが「買主に不相当な負担を課するもの」かどうかが争いになることも考えられることから、契約書や約款に追完方法の選択権やその順位について定めを置くことが望ましいといえます。例えば、売主であれば、「修補・代物引渡し→代金減額→解除（返品）の順に売主の判断で対応する」旨を定めたり、買主であれば、「修補・代物引渡し、代金減額、解除（返品）のいずれかを買主の判断で選択でき、売主はその判断に従う」旨を定めたりすることが考えられます。

(2)　業務委託契約（請負・委任）

ビジネスでは、さまざまな業務委託契約が締結されますが、「業務委託」という契約類型は民法には規定がありません（非典型契約と呼ばれます）。一般的には、業務委託契約は、請負契約や委任契約・準委任契約の性質を有すると解されることが多いのですが、業務委託契約という名前にとらわれず、性質を検討する必要があります。

改正民法では、請負・委任に関する規定にさまざまな改正が加えられたため、実務では、実際に締結している業務委託契約が請負契約の性質を有するのか、委任契約・準委任契約の性質を有するのかを検討のうえ、改正に応じた手当てを検討する必要があります。

(i)　契約類型の細分化

請負契約は、「当事者の一方がある仕事を完成することを約し、相手方がその仕事の結果に対してその報酬を支払うことを約する」契約です（改正前民法・改正民法632条）。一方、委任契約は法律行為の委託

を、準委任契約は法律行為でない事務の委託をする契約ですが（改正前民法・改正民法643条・656条）、委任契約の中にも、委任事務の履行により得られる成果に対して報酬を支払う契約（成果完成型）と、委任事務の履行そのものに対して報酬を支払う契約（履行割合型）とがあります。改正民法では、委任契約をこの2つの類型に細分化し、下記(ii)で述べる通り報酬請求権の規律を変えました。

　「委任事務の履行により得られる成果」に対して報酬を支払う成果完成型の委任契約と、「仕事の結果」に対して報酬を支払う請負契約の違いを整理すると、請負契約では仕事の完成が請負人の義務ですが、成果完成型の委任契約では、成果がなければ報酬請求が制限されるものの、成果の完成の義務までは負いません（別途善管注意義務を果たす必要はあります）。

　しかし、実際には、例えばある契約が請負契約の性質をもつのか、成果完成型の委任契約の性質をもつのか、または履行割合型の委任契約の性質をもつのか、区別が難しいことも考えられるため、契約書や約款において、請負人・受任者の義務は何なのか（仕事の完成を義務とするのか）、何に対して報酬を支払うのか（仕事の結果や成果に対してなのか、委任事務の履行そのものに対してなのか）を明記しておくことが望ましいでしょう。契約の段階（例えば、システム開発業務委託契約であれば、要件定義、システム設計等）に応じて契約の性質が変わる、ということもありうるため、段階に応じて義務や報酬の対象を書き分けることも必要になります。

　(ii)　中途終了時の報酬請求

　改正民法では、仕事が未完成の段階で請負契約が終了した場合の請負人の報酬請求権について、従来の判例法理を明文化し整理しました。また、併せて、委任事務の履行が途中の段階で委任契約が終了した場合の受任者の報酬請求権について、成果完成型と履行割合型とに

区別して定めました。以下の表の通り、成果完成型の委任契約は、成果・仕事に対して報酬が支払われるという意味で請負契約と似た性質をもつため、請負契約の規定が準用されています。

	注文者・委任者に帰責事由があるとき	請負人・受任者に帰責事由があるとき、または、当事者双方に帰責事由がないとき
請負契約	報酬全額の請求が可能（改正民法536条2項）。ただし、債務を免れたことによって利益を得た場合は償還する必要あり。	既にした仕事の結果のうち可分な部分の給付により注文者が利益を受けるときは、その部分を仕事の完成とみなし、注文者が受ける利益の割合に応じて報酬を請求できる（改正民法634条）。
成果完成型委任契約		同上（改正民法648条の2第2項で同法634条を準用）。
履行割合型委任契約		既にした履行の割合に応じて報酬を請求することができる（改正民法648条3項）。

　契約書や約款において、契約が中途終了した場合の報酬請求権について規定がない場合には、規定を設けることが紛争予防のために望ましいでしょう。例えば、請負契約・成果完成型委任契約であれば、給付が可分かという点や、注文者・委託者がどの程度利益を受けるかという点は、解釈が難しいため、あらかじめどの段階の中途解約でいくら報酬を支払うのかを明確化しておくのがよいでしょう。また、履行割合型委任契約の場合は、中途解約の場合の割合的な報酬の計算方法について定めておくのがよいと思われます。

(iii)　報酬支払時期

　報酬の支払時期についても、成果完成型委任契約と履行割合型委任契約とに細分化されたことに伴い、以下の通り整理されました。これらの改正を踏まえ、契約書や約款においても、報酬支払時期が明確化

されているかを確認しておくのがよいでしょう。

	報酬の支払時期
請負契約	仕事の目的物の引渡しと同時。ただし、物の引渡しを要しないときは、請負業務の履行後（改正民法・改正前民法633条）。
成果完成型委任契約	成果の引渡しと同時（改正民法648条の2第1項）。ただし、成果の引渡しを要しない場合、委任事務の履行後（改正前民法・改正民法648条2項本文）。
履行割合型委任契約	委任事務の履行後（改正民法・改正前民法648条2項本文）。ただし、期間によって報酬を定めたときは、期間経過後（改正前民法・改正民法648条2項ただし書）。

(iv) 請負人の瑕疵担保責任

　改正民法では、請負人の担保責任について、改正前民法に規定されていた特則を大幅に削除し、売買契約における売主の担保責任を基本的に準用する形で整理されました。改正前民法では、請負人は、仕事の完成前は債務不履行、仕事の完成後は瑕疵担保責任を負うものとされていましたが、改正民法では、仕事の完成の前後を問わず、仕事の目的物が契約の内容に適合しなければ（契約不適合）、債務不履行責任を負うことになります。

　改正前民法では、仕事の目的物に瑕疵があった場合、注文者は、瑕疵修補（改正前民法634条1項）、損害賠償請求（同条2項）、解除（同法635条）をすることができました。改正民法でも、仕事の目的物に契約不適合があった場合、これらの救済手段のほか、不足分・代物の引渡しや代金減額の請求もすることができるようになりました（改正民法559条で売買の規定を準用）。前記(1)で売買契約について述べたのと同様に、請負契約でも、契約書や約款に追完方法の選択権やその順位について定めを置くことが望ましいといえます。

(3) 賃貸借

改正民法では、賃貸借契約についてもさまざまな改正が行われていますが、従来の裁判実務における解釈を明文化するものが多く、賃貸借契約の大枠を変更するものではありません。また、民法の特別法である借地借家法そのものは改正されていません。

(i) 賃貸借の存続期間

改正民法では、賃貸借の存続期間の上限を20年から50年に改めました（改正民法604条）。しかし、借地借家法が適用される賃貸借契約には特段の影響はありません。

(ii) 賃貸人たる地位の移転

賃貸人たる地位の移転については、判例の明文化とともに新たなルールが定められました。賃借人Aが賃借している不動産を、所有者兼賃貸人XがYに売却した場合、Aが賃貸借の対抗要件を備えていれば、特段の事情のない限り、賃貸人たる地位はYに移転するというのが従来の判例ルールであったため、改正民法はこれを明文化し、不動産の譲渡に伴って賃貸人たる地位も譲受人に移転する旨を定めました（改正民法605条の2第1項）。一方で、不動産の売買実務では、信託的譲渡の場合や、共有持分権・信託受益権に小口化して売買する場合など、譲受人Yが不動産管理をする意思がない場合もあります。そこで、改正民法では、不動産の譲渡人（X）と譲受人（Y）が、賃貸人たる地位を譲渡人（X）に留保する旨およびその不動産を譲受人（Y）が譲渡人（X）に賃貸する旨の合意をしたときは、賃貸人たる地位は、譲受人（Y）に移転しないことになりました（改正民法605条の2第2項）。

(iii) 賃借物の修繕

賃借物の修繕に関し、改正民法は、賃借人に帰責事由がある場合には賃貸人に修繕義務がないという改正前民法の通説を明文化するとと

もに（改正民法606条1項ただし書）、賃貸人が修繕をしない場合や急迫の事情があるときには、賃借人が修繕をすることができる旨の規定を設けました（改正民法607条の2）。

(iv) 賃借物の一部滅失等

改正前民法では、賃借物が一部滅失した場合、賃借人は賃料減額を請求することができるとされていました（改正前民法611条1項）。一方、改正民法では、賃借物の一部が滅失その他の事由により使用・収益できなくなった場合、賃借人の請求によらずに、賃料は当然に使用・収益できなくなった部分の割合に応じて減額されることになりました（改正民法611条1項）。改正民法では、滅失だけでなく「その他の事由」も含まれるため、故障等で使えなくなることも含まれると考えられます。また、請求によらずに当然に減額されるため、賃借人から故障や滅失時に遡って過払賃料の返還請求がされうることに注意が必要です。

(v) 用法違反に基づく損害賠償請求権の時効の完成猶予

賃借人が賃借物の用法を守って使用せず、賃借物が壊れるなどの損害が賃貸人に生じることがありますが、賃借物の返還を受けてはじめて賃貸人がそのことを知ることも多く、その時点では用法違反時からの期間経過により消滅時効が完成してしまうという問題がありました。そこで、改正民法では、賃借人の用法違反に基づく賃貸人の損害賠償請求は、賃貸人が返還を受けた時から1年を経過するまでの間は、時効の完成が猶予されるという規定が設けられました（改正民法600条2項）。改正民法の下における客観的起算点と主観的起算点（前記1(6)）のいずれに基づく消滅時効にも適用されます。

(4) 保証

改正民法では、保証契約に関して個人の保証人の保護を拡充するために、個人根保証契約に関する極度額の定め、公正証書による意思表

示、情報提供義務等について重要な改正が加えられています。保証契約を締結している場合、以下の通り見直しの必要があります。

　なお、保証に関する改正は、改正民法の施行後に締結された保証契約にのみ適用されるため（改正民法附則21条）、例えば、改正民法施行前に、賃貸借契約に付随して保証契約（賃貸借契約が更新された場合も含めて賃借人の債務を保証するもの）が締結された場合、改正民法施行後に賃貸借契約が更新されたとしても、保証契約自体が更新・新規締結されていないのであれば、更新後の賃貸借契約には改正民法が適用される一方（更新と改正民法の適用関係については前記1⑺）、保証契約には引き続き改正前民法が適用されることになります（一問一答384頁）。

⒤　個人根保証契約に関する極度額の定め

　改正前民法では、個人を保証人として、貸金等債務（金銭の貸付や手形の割引に基づいて生じる債務）を主債務とする根保証契約（一定の範囲に属する不特定の債務を主たる債務とする保証契約）を行う場合は、極度額を定めなければ効力を生じないものとされていました（改正前民法465条の2第1項・2項）。改正民法では、個人保証人への保護を拡大し、個人を保証人とする根保証契約は、主債務の種類にかかわらず、極度額の定めを設けなければ効力を生じないこととされました（改正民法465条の2第1項・2項）。

　したがって、賃貸借契約の賃料債務や継続的売買取引における代金債務を個人保証人に根保証させる契約など、これまで極度額の定めがなくても有効だった契約も、今後は極度額を設定する必要があります。

ⅱ　公正証書による意思表示

　事業のために負担した貸金等債務を主債務とする個人保証人による保証契約や根保証契約は、個人の資力を大幅に超えることが多く、前

記(i)の極度額の定めだけでは個人保証人の保護として実効性に欠ける場合が多いといえます。

　そこで、改正民法では、個人保証人の意思確認をより厳格に行うために、公正証書による意思表示を義務付けることとしました。すなわち、事業のために負担した貸金等債務を主債務とする保証契約や根保証契約については、保証人となるべき個人によって契約締結前1か月以内に所定の公正証書が作成されていない限り、保証契約・根保証契約の効力が生じないものとされました（改正民法465条の6第1項・3項）。ただし、主債務者の取締役や総株主の議決権の過半数を有する者が保証をする場合など、保証人と主債務者との間に一定の密接な関係がある場合には、適用除外とされています（改正民法465条の9）。

　(iii)　情報提供義務

　改正民法では、個人保証人を保護するために、債権者や主債務者が個人保証人に対して一定の情報提供を行う義務が定められました。

　まず、主債務者は、事業のために負担する債務（貸金等債務に限られません）の保証を個人に委託する場合は、保証契約締結時に、財産・収支状況、債務の状況など、一定の情報提供を行わなければならなくなりました（改正民法465条の10第1項）。主債務者がこの義務に違反したことにより個人が事実誤認して保証契約を締結してしまった場合、債権者がそのことについて悪意または過失があった場合には、保証人は保証契約を取り消すことができます。したがって、情報提供義務を負うのは主債務者自身であるものの、債権者としても、主債務者からの情報提供が適切に行われているかの確認を怠ると、過失があるものとして保証契約を取り消されるおそれがあります。したがって、事業に関する債権の保証を求める際には、債権者としても、主債務者が保証人に対して情報提供を正確に行ったかどうかを、チェックリストなどを用いて確認することが望ましいといえます。

　また、主債務者から委託を受けた保証人から請求があったときは、債権者は、遅滞なく主たる債務の履行状況に関する情報を提供しなければなりません（改正民法458条の2）。ここでいう保証人は個人・法人のいずれも含み、また、対象となる主債務の種類には限定がありません。

　さらに、主債務者が期限の利益を喪失した場合には、債権者は、個人の保証人に対して、そのことを知った時から2か月以内にその旨を通知する義務があります（改正民法458条の3第1項・3項）。債権者としては、契約上の当然失期事由が満たされた場合には、とくに、このような保証人への通知を失念しないように留意する必要があります。

第8章 約款に関わるトラブル対応と約款の変更

　第7章までは、約款を作成・運用する際の手順・ポイントについて解説しました。これまで約款の包括的な点検を行ったことがない企業では、まずは、約款の作成・修正の際の視点（第4章1・第5章）に沿って、約款の内容を見直すことをお勧めします。

　しかし、ひとたび約款を作成・修正して運用を始めても、同じ約款をいつまでも使い続けることはできません。社会環境の変化や顧客の行動などにより、想定していなかったような新たなトラブルが発生することもあります。また、運用の中で、ビジネス実態と約款との齟齬や、法改正への未対応などが徐々に生じてくる可能性もあります。

　そこで、本章では、顧客とのトラブルが発生した際の対応の留意点、トラブルなどを踏まえた約款見直しの必要性、約款の変更を行う方法について、社内体制のあり方も含め、解説します。

1　トラブル対応の留意点

　顧客との間でトラブルが発生した場合、訴訟などの法的手段に訴える前に、まず解決のための交渉が行われます。そのような交渉の際の留意点としては、①他の顧客にも影響が及ぶことを踏まえて対応すること、②訴訟に発展する場合にも備えて約款の解釈について踏み込んだ言及をしないこと、の2点が挙げられます。

　①については、約款を用いた取引は多数の顧客と行っていることが多いため、他の顧客との間でも同様のトラブルが発生する可能性があ

ります。仮に今回のトラブルへの対応（支払った和解金額など）を他の顧客が知れば、同じようなトラブルが発生したときに、「なぜ以前と違う対応なのか」などとクレームを受け、新たな火種を生んでしまいます。したがって、1件のクレームであっても、今後一貫した対応ができるように検討すべきです。また、どうしても特別な内容で和解せざるをえない場合は、和解に際して顧客に守秘義務を負わせるなど、他の顧客への影響を最小限にするよう努めることが望ましいといえます。

　②については、訴訟における約款解釈の手法には一定の傾向があるため、交渉段階で約款の解釈を勇み足で顧客に示してしまうと、訴訟になって慎重に約款解釈を検討した際に主張を変えざるをえなくなる可能性もあります。また、他の顧客への影響という意味でも、別のトラブルの場面で解釈を逆手に取られてしまう可能性もあります。したがって、交渉段階では、あくまで約款の解釈について踏み込んだ言及をしないほうが安全でしょう。具体的な約款解釈の傾向については、第9章で詳しく説明します。

2　約款の見直し

(1)　トラブル情報集約のための社内体制の整備

　約款に基づく取引では、ある顧客との間でトラブルが発生した場合に他の顧客とも同様のトラブルが相次いで発生する可能性があります。とくに近時はインターネットによる情報拡散が早いため、「この会社にこのようなクレームを行った」といった情報がインターネットに書き込まれると、それを見た他の顧客らが類似のクレームを行うおそれが高まります。そのような相次ぐトラブルに対処したり、再発を防止したりするために、約款の条項を修正することが望ましい場合があります。

　したがって、トラブルが発生した場合に、社内で速やかにその原因を究明し、再発防止のための手当てを行うことができるよう、まずは、約款に関するトラブル情報を集約するための社内体制を確立しましょう。具体的には、顧客とのトラブルに対応する部署から約款を担当する部署へ、顧客とのトラブルに関する情報を共有できるよう、情報連絡のルートやマニュアルを整えます。総じて他部署との連携は足並みが揃わないことから、最も望ましいのは経営トップからの率先垂範です。小さなトラブルはどうしても担当部門で抱え込んでしまいがちですので、内部通報制度やコンプライアンス研修などの一環として、どのような情報でも知らせてほしいということを周知すれば、情報の収集や共有も進めやすく、全社としての意識も高まります。そのうえで、担当部署、担当者ごとの社内教育を行い、よりよい社内環境づくりを持続していくことが重要です。

　さらには、トラブルは氷山の一角である可能性もあるため、トラブル発生を知らされた場合には、顧客対応を行っている現場の担当者にヒアリングを行い、ほかにも同様の問題がないかをよく確認しましょう。

(2)　再発防止の検討

　約款を担当する部署では、トラブルの情報を入手したら、トラブルの原因が約款のどの部分に関わるのかを分析のうえ、再発防止のために約款の条項を修正することの要否について検討を行う必要があります。例えば、約款を修正することが望ましい場面としては、以下のようなものが考えられます。

〈修正をすべき例１〉
会員制フィットネスクラブにおいて、予期せぬ建物のメンテナンスにより数時間フィットネスクラブを閉鎖せざるをえなかったと

ころ、「その間利用できなかった」として月額会費の一部を返還
するよう顧客に求められた。フィットネスクラブの約款には明確
な記載がなく、対応に困った。

→メンテナンスによる営業休止がありうることや、その場合の会
　費返金ポリシーについて約款に追記することにした。

〈修正をすべき例 2〉
学習塾の生徒の兄が、その学習塾の教材を流用して、当該塾の生
徒以外の子ども達に家庭教師をしていることが発覚した。著作権
法違反かはさておき、生徒を退塾させたいが、塾の約款にはその
ような場合に退塾させられる規定を設けておらず、対応に困っ
た。

→学習塾の教材の流用を約款の禁止事項に加え、違反した場合に
　は退塾も可能なように約款を修正した。

　トラブルを契機に約款を修正すると、ミスがあったことを自認する
ようにみえ、自社にとって不利になるのではないかという懸念もある
かもしれません。確かに何らかのミスによって約款の修正が行われた
のではとの指摘もありえますが、むしろ、そのままあいまいな規定を
残しておくことのほうが、再度トラブルが発生するリスクが高いと考
えるべきです。万が一顧客からそのような指摘を受けた場合には、
「あいまいな規定であったため、紛争予防のためにより明確化した」
と回答することで再発防止への対応としても理解が得やすくなりま
す。
　さらには、自社のトラブルだけでなく、ニュースなどで同業他社の

トラブルの情報を入手した場合にも、他山の石として、自社でも同様のトラブルが発生するおそれがないか検討する機会として捉えましょう。

⑶　法改正や裁判例に関する最新情報の入手

トラブルが起きた場合のつどの対応だけでなく、法改正なども約款の内容を見直す機会となります。

近年、民法や消費者契約法、個人情報保護法など、消費者の保護に関する法改正が頻繁に行われているため、約款の内容を見直す必要性はますます高まっています。

また、法改正のほかにも、新たな裁判例の蓄積により約款の解釈が変更・明確化されることもあります。過去に裁判例によって約款の解釈が明確化され、約款の修正に至った例として、公共工事標準請負契約約款の違約金に係る条項があります。

公共工事標準請負契約約款は、中央建設業審議会（建設業法に基づいて設置されている国土交通省の諮問機関）が作成し実施を勧告しているものですが、従前、工事の発注者が契約を解除した場合には、受注者（建設会社）は一定の違約金を支払う旨の条項が定められていました。

しかし、国から工事を受注し公共工事標準請負契約約款に準拠した請負契約を締結していたある建設会社が破産し、破産管財人が破産法に基づく解除権（双方未履行契約の解除）を行使した事案において、違約金が発生するかが争いになりました。裁判所は、この約款の解釈として、破産管財人の解除によって違約金は発生しないと判断しました（東京地判平成27・11・6 D1-Law29015188等）。従前の約款は、破産管財人が解除するような場合を想定していなかったといえます。

この裁判例を踏まえ、その後、約款の当該条項は見直され、破産管財人等が契約を解除した場合にも違約金が発生することを規定した内

容に修正されました。このように、国が利用を推奨するような約款でも裁判例で不備が発覚して修正されるようなことがあります。

　さらに、新たにガイドラインなどが官公庁や業界団体において作成され、約款において対応すべき指針が示されることもあります。例えば、総務省では、スマートフォン利用者が安心・安全にアプリを利用できるよう、「スマートフォン　プライバシー　イニシアティブ（Ⅰ～Ⅲ）」を公表し、スマートフォンのアプリのプライバシーポリシー策定について提言を行っています。また、経済産業省が公表している「電子商取引及び情報財取引等に関する準則」は、インターネットショッピング等の電子商取引やソフトウェアやデジタルコンテンツ等の情報財取引などに関するさまざまな法的問題点を取り扱っていますが、その中で、ウェブサイトの利用規約を利用者との契約に組み入れるための指針を示しています（第6章2(4)）。

　このような関連する最新情報を速やかに入手できるよう、インターネットや書籍、セミナーなどの情報に日頃から目を配ることも重要です。ただ、それに応じた約款修正の必要性は担当部署との連携がなければ判断ができないため、関係部署との連携体制があって約款の見直しの実効性が高まることへの理解が何よりも重要です。

3　約款の修正に向けた検討

　トラブルや法改正などを契機とした見直しを踏まえ、約款の修正を行う必要性が生じた場合、どの条項をどのような内容に修正するかを検討することになります。

　問題となった条項・新たに必要となる条項を削除・修正・追加することはもちろんのこと、それだけでなく、そういった修正によってその約款全体で整合性が失われないかをよく確認する必要があります。ある条項がほかの条項を前提としている場合など、1か所の修正がほ

かの条項の内容に波及してしまう場合もしばしばあります。したがって、問題となった条項の修正案を作成した後は、約款全体を通して確認し、矛盾した条項、意味が通じなくなる条項がないかなど、ほかにも修正すべき箇所がないかを検討する必要があります。

　また、修正の際には、いつ修正の効力を発生させるかを検討し、附則（第5章16）にも記載するようにしましょう。

　さらに、社内で複数の約款を用いて複数のビジネスを展開している場合には、ある約款で、社内のほかの約款を引用したり、同様の条項を用いたりすることがあります。そのような場合には、1つの約款を修正する場合に、ほかの約款への影響がないかも確認する必要があります。

　また、約款を複数の媒体（ウェブサイトと紙冊子など）で顧客に提供している場合は、すべての媒体でもれなく修正する必要があります。

4　約款の変更手続

　約款の変更に関し、民法改正で新たに「定型約款の変更」の手続に関する規定が設けられました。通常の契約であれば、契約期間中に契約を変更するには相手方の個別の同意を要するのが原則ですが、当該手続では、一定の要件の下、顧客の個別の同意を要することなく、すでに顧客との契約に用いている定型約款を有効に変更することができます（第3章6）。したがって、既存顧客との約款を用いた契約を、契約期間中に変更したい場合、この民法における定型約款の変更手続を利用できれば簡便です。約款の変更を検討する場合には、まずは、以下の通り、当該手続を利用できるのか検討しましょう。約款の中に、当該約款の変更に関する条項が設けられている場合がありますが（第5章14）、その場合には当該条項にも則って行う必要があります。

　なお、「約款の変更」とは、既存顧客との約款を用いた契約を、契

約期間中に変更することを指します。約款の内容を修正しても、既存顧客との契約については変更の効力を及ぼさず、新規契約時や更新時から新たな約款を用いる場合は、ここでいう「約款の変更」の手続によることなく、単に新たな約款を作成して、新規契約や更新契約を締結することにより行うことができます。

(1) 定型約款の変更に該当する場合

改正民法における「定型約款」に該当する約款については、改正民法に定められた一定の実体的要件・手続的要件を満たせば、個別に同意をとることなく、ある約款に基づく契約の有効期間（すなわち契約期間中）であっても、当該約款を変更することが可能になりました。したがって、まずは、変更したい自社の約款が「定型約款」に該当するかを見極める必要があり（第6章1）、該当しない場合には、別途の検討が必要ですが（後記(2)）、「定型約款」に該当する場合については、以下の手順を踏めば変更が可能です。

まず、変更内容が顧客全員にとって利益になる場合（改正民法548条の4第1項1号の「相手方の一般の利益に適合するとき」との要件を満たす場合。以下「利益変更」といいます）には、後述する手続（効力発生時期の設定と顧客への周知）を踏めば、有効に定型約款を変更することができます（第3章6(1)(2)(4)）。

一方、利益変更に該当しない場合は、定型約款の変更に合理性が認められることが必要とされています（以下「合理的変更」といいます）。具体的には、変更の必要性、変更の相当性、定型約款における変更条項の有無、そのほか変更に係る事情が総合的に考慮されます（第3章6(1)(3)）。また、定型約款の変更により契約した目的を達成することができないときには変更に拘束力は認められません。

また、定型約款を変更するためには、手続的要件として、変更の効力発生時期を定め、顧客に対し、定型約款を変更する旨・変更後の定

型約款の内容・効力発生時期を、インターネットなどを用いて周知する必要があります（**第3章6(4)**）。なお、合理的変更の場合には、要件が加重され、効力発生時期が到来するまでに周知しなければ変更の効力が生じないとされています（**第3章6(1)**）。インターネットを用いる場合、例えば、自社ウェブサイトのお知らせや新着情報の欄に、定型約款を変更する旨、定款の新旧対照表、効力発生日を掲載するなどの方法をとればよいでしょう。

　定型約款の変更の手続において、適切な周知の手続をとれば、変更後の約款を顧客に交付することまでは必要ありません。しかし、実務的には、顧客に変更後の約款を正しく理解してもらうためにも、顧客の求めに応じて交付できるよう、紙冊子などを用意しておくのが望ましいでしょう。

　以上の通り、改正民法では、契約期間中であっても、定型約款の内容の変更を行うことができるようになりましたが、顧客に不利益となる変更を行う場合、定型約款の合理的変更の要件（変更の合理性）を満たせるのかどうか、判断に困る場合もありえます。そのような場合には、念のため保守的に後記(3)で記載する顧客の同意を取得する方法で進めることも考えられます。

(2)　定型約款の変更に該当しない場合

　約款の中には、顧客が不特定多数でないなどの理由で「定型約款」に該当しない場合もあります（**第6章1**）。このような場合でも、約款に、約款の変更に関する条項（**第5章14**）を入れておけば、顧客の個別の同意を得ずに、既存顧客との契約に用いている約款を変更することは可能でしょうか。

　「定型約款」に該当しない約款には、改正民法の定型約款の変更に関する規定が直接適用されることはありませんが、そのような約款の変更がどのような要件で認められるかについては、改正民法における

定型約款の規定が類推適用されるといった見解や、改正民法以前に形成されてきた約款法理が適用されるといった見解、民法の一般原則に戻ったうえで改正民法の規定がしん酌されるといった見解など、さまざまな議論があり、明確ではありません。

しかし、とくに B to B 取引の場合は、約款の変更に関する条項が規定されていれば、顧客は当該条項を認識したうえで契約を締結したものと考えられ、顧客はこのような一方的変更がありうることを了承しているものといえます（Q&A140頁）。したがって、定型約款に該当しない場合でも、B to B 取引の場合、こういった改正民法と同様のルールに基づく約款の変更に関する条項の有効性は認められ（Q&A140頁）、どの範囲で約款の一方的な変更が認められるかは当事者の意思の合理的解釈に委ねられるものと考えられます。

なお、「定型約款」に該当しても、前記(1)で述べた変更の合理性の要件を満たせない場合もありますが、このような場合には、基本的に、顧客の個別の同意なく一方的に定型約款を変更することは困難であると考えられます。

⑶　定型約款の変更手続を使わずに約款を変更する場合

約款を一方的に変更することが困難であっても、ビジネス上の観点で約款の変更が必要な場合はあり、その場合には、やはり原則として顧客の同意を取得する必要があります。多数の顧客の同意を取得する方法としては、どのような手段があるでしょうか。

(i)　同意を取得する方法

まず、同意を取得する正攻法としては、顧客に対して約款変更について一律にメールや手紙で通知し、「同意するなら、クリックする／書面を返送する」といった形で個別の同意を求めることが考えられます。しかし、返信する顧客は少なく、現実的な方法とはいえません。

実務的には、その逆に、「同意しない場合は、クリックする／書面

を返送する。何もしなければ同意したものとみなす」というオプトア
ウト方式で約款を変更しようとする例も見受けられます。これは有効
な同意を取得したといえるかは疑問があり、後日、顧客から「そのよ
うなメールや手紙は届いていない、見ていない」などと主張されるリ
スクが大きいといえます。

　結局のところ、どのような同意取得の方法が適切かは業態ごとに個
別に考えていく必要があります。

　例えば、インターネットショッピング・通信販売のように、顧客が
一旦約款に基づく会員になっても、買物は個別に行われそのつど支払
が行われるような場合は、取引のつど、個別の「申込み」と「承諾」
によって契約が発生しているといえます。こういった場合には、個別
の取引（買物）が発生する際にそのつど取引条件を設定することが可
能であるため、変更後の約款へ同意する旨をクリックしたりサインし
たりしてもらえば、同意を取得することができます。

　また、個別の「申込み」「承諾」があるとまではいえなくても、学
習塾やスポーツクラブのように継続的にサービス提供をする場合は、
継続的なサービス提供の際に新たな約款への同意を求め、その後の利
用について新たな約款を適用することが考えられます。同意すると何
らかのプレゼントやサービスを付与するといった形で顧客に同意への
インセンティブを高める工夫も考えられます（ただし、そういった要
請に対して、「あえて同意しない」という対応をとる顧客も一部存在すると
思われます。その場合、顧客によって約款を使い分けることになるため、
後記(ii)の通り慎重な管理が求められます）。

　一方、保険のように、一度契約をすればその後顧客と会社の間でと
くにやりとりが行われないようなサービス・商品では、なかなか個別
の同意を取得するのは難しいでしょう。

(ii)　約款の使い分け

　契約後に顧客とのやりとりがとくになく同意を取得するのが難しいと思われる場合や、顧客とのやりとりが存在しても料金体系を大きく値上げするなど上記(i)の手段で既存顧客からの同意を得るのが非常に難しいと思われる場合には、既存顧客との契約は現状の約款のままとし、新規契約から修正した約款を使うといった対応も考えられます。

　約款を顧客によって使い分ける場合には、どの顧客にどの約款が適用されるのかを適切に管理する必要があります。例えば、保険契約は契約後に約款を修正することが非常に難しいため、保険会社の実務では、顧客が契約した時期に応じて、システム上、適用される約款の管理を慎重に行っています。

第9章 約款の解釈手法

　約款の内容を見直すにあたっては、実際の裁判で約款の規定がどのように解釈されているかを知ることが有益です。ところが、これまで約款の解釈手法について、一般的に論じた文献は少なく、研究もあまり進んでいるとはいえない状況にあります。

　そこで、本章では、今後の約款の見直しや、実際の紛争の場面での敗訴リスクを判断する材料となるように、約款の解釈手法についての指針となりうるいくつかの裁判例を取り上げ、そのポイントについて解説します。

1　画一的解釈の原則

　第1章で述べた通り、多数の契約について画一的に契約内容を定めるという約款の特徴から、一般的な約款の解釈手法として、画一的解釈の原則があります。

　一概に「画一的解釈」といっても、いかなる当事者を念頭において約款の解釈を行うべきかについては、依然として議論がありうるところです。

　この点に関し、**第5章7(1)**でも紹介した最判平成15・2・28は、ホテルでの盗難事案において、「宿泊客が当ホテル内にお持込みになった物品又は現金並びに貴重品であって、フロントにお預けにならなかったものについて、当ホテルの故意又は過失により滅失、毀損等の損害が生じたときは、当ホテルは、その損害を賠償します。ただし、

宿泊客からあらかじめ種類及び価額の明告のなかったものについては、15万円を限度として当ホテルはその損害を賠償します。」という宿泊約款の条項（なお、ただし書部分を「本件特則」といいます）について、以下の通り判示しました。

〈最判平成15・2・28集民209号143頁〉

［事案］

宝石販売会社の代表者がホテルのベルボーイに預けた宝石の入ったバッグが盗難された事案において、宿泊約款の免責条項はホテル側に故意または重大な過失がある場合にも適用されるかが問題となった。

［結論］

故意または重大な過失がある場合には適用されない。

［判決の内容］

「本件特則は、宿泊客が、本件ホテルに持ち込みフロントに預けなかった物品、現金及び貴重品について、ホテル側にその種類及び価額の明告をしなかった場合には、ホテル側が物品等の種類及び価額に応じた注意を払うことを期待するのが酷であり、かつ、時として損害賠償額が巨額に上ることがあり得ることなどを考慮して設けられたものと解される。このような本件特則の趣旨にかんがみても、ホテル側に故意又は重大な過失がある場合に、本件特則により、被上告人の損害賠償義務の範囲が制限されるとすることは、著しく衡平を害するものであって、当事者の通常の意思に合致しないというべきである。

　したがって、本件特則は、ホテル側に故意又は重大な過失がある場合には適用されないと解するのが相当である。」

　本判決は、約款の条項の解釈にあたって、「当事者の通常の意思」に合致しないことを理由として挙げており、個々の顧客の合理的意思を探求するのではなく、顧客一般についての通常の意思をもとに解釈するという視点を示したものといえます。

　このように、個々の顧客の意思や理解を基準に解釈するのではなく、画一的な解釈をすべきであるという考え方は、「客観的解釈の原則」とも呼ばれます。そして、この客観的解釈にあたっては、合理的・平均的な顧客の理解可能性を基準とすべきであるといわれており、上記の最高裁判決にも共通する考え方です。

　これらは、決して約款の一般的な解釈の基準として明確なものとはいえませんが、約款の形式的な文言だけでなく、契約の目的や相手方の一般的な属性、他の条項との整合性解釈等も踏まえつつ、当該取引をする一般的（平均的）な当事者を念頭に置き、その通常の意思に合致するか否かを判断要素の1つとして、約款の文言を合理的に解釈することについては、一般論として異論はないものと思われます。

2　文言解釈を行う際のポイント

　約款の文言解釈を行うにあたっては、それぞれの契約の目的や相手方の一般的な属性等も考慮されることになるため、文言解釈のポイントを一律に類型化することは困難です。

　もっとも、約款を用いた取引の典型例であり、従来から約款の解釈をめぐる数多くの訴訟が存在する保険約款の裁判例を分析すると、約款全般に共通する文言解釈の重要な視点を抽出することができます。

　そこで、以下では、保険約款を例に約款の文言解釈を行う際のポイントを解説します。

⑴　約款の構造に注目する

　約款の各条項は、全体として1つの約款を構成していることから、

個々の条項を独立のものとして解釈するのではなく、全体の中の1つ
として解釈する必要があると考えられます。

　この点に関し、最判平成19・10・19（判時1990号144頁）は、自動車
保険約款において、「急激かつ偶然な外来の事故により、被保険者が
身体に傷害を被ることによって被保険者又はその父母、配偶者若しく
は子が被る損害に対して、この特約に従い、保険金を支払います。」
とする人身傷害補償条項（なお、以下では「本件特約」といいます）の
解釈について、以下の通り判示しました。

〈最判平成19・10・19判時1990号144頁〉
［事案］
普通乗用自動車を運転中にため池に転落して溺死した事案におい
て、事故の原因が狭心症による発作などの身体内部に起因する場
合に保険金は支払われるか、また保険金請求者が立証責任を負う
範囲が問題となった。
［結論］
事故の原因が疾病による場合でも保険金は支払われる。
［判決の内容］
「本件特約は、急激かつ偶然な外来の事故のうち運行起因事故及
び運行中事故（以下、併せて『運行事故』という。）に該当する
ものを保険事故としている。本件特約にいう『外来の事故』と
は、その文言上、被保険者の身体の外部からの作用による事故を
いうと解されるので（中略）、被保険者の疾病によって生じた運
行事故もこれに該当するというべきである。本件特約は、傷害保
険普通保険約款には存在する疾病免責条項を置いておらず、ま
た、本件特約によれば、運行事故が被保険者の過失によって生じ
た場合であっても、その過失が故意に準ずる極めて重大な過失で

　ない限り、保険金が支払われることとされていることからすれ
ば、運行事故が被保険者の疾病によって生じた場合であっても保
険金を支払うこととしているものと解される。
　このような本件特約の文言や構造等に照らせば、保険金請求者
は、運行事故と被保険者がその身体に被った傷害（本件傷害除外
条項に当たるものを除く。）との間に相当因果関係があることを
主張、立証すれば足りるというべきである。」

　本判決は、約款の特定の条項の文言解釈にあたって、当該条項のみ
ならず、同種のリスクを補償する他の約款との構造の違いや、補償条
項と免責条項との関係など、他の条項を含めた約款の構造を文言解釈
において考慮しています。約款の個別の条項を独立したものとして文
言解釈するのではなく、約款全体の構造を踏まえて、その条項の位置
付けをもとに判断するという点で参考になります。

(2)　約款全体の統一性を考慮する

　約款の各条項を約款全体との関連において解釈するという観点か
ら、約款の各条項の文言解釈にあたっては、全体として統一のとれた
解釈が行われるべきであるといえます。
　この点に関し、名古屋高金沢支判平成25・6・12（D1-Law282535
33）は、生命保険契約が中途解約された場合の既払保険料の返還をめ
ぐる事案において、「①契約者は、いつでも将来に向かって保険契約
の解約を請求することができます。②前項の場合、会社は、22条の払
戻金がある場合はこれを契約者に支払います。③保険契約が解除され
もしくは解約された場合または効力を失った場合には、会社は、保険
料払込期間中の保険契約については保険料を払い込んだ年月数によ
り、その他の保険契約については、その経過年月数によって計算した
金額の払戻金を契約者に支払います。」とする生命保険約款の解釈に

ついて、以下の通り判示しました。

〈名古屋高金沢支判平成25・6・12D1-Law28253533〉

［事案］

生命保険契約の保険料を年払で支払った保険契約者が１年の途中で解約を行ったことから、保険会社に対して残りの期間に相当する保険料を日割りで返還するよう求めた。一審は、約款に中途解約の際に保険料を返還しない旨を定める規定がないことを理由に不当利得に該当するとして原告の請求を認めたため、保険会社が控訴をした。

［結論］

保険会社は保険料を返還する義務を負わない。

［判決の内容］

「『払戻金がある場合は』という文言や解約払戻金の具体的な払戻手続が規定されているのに、それまでに支払った保険料の精算について定めがないことからすれば、本件各約款は払込済みの保険料の精算として解約払戻金のみを支払うことを定めていると解釈すること（が）できる。（中略）

　次に、本件各約款においては、解約払戻金の額を計算するに当たっては、保険料払込期間中のときは『保険料を払い込んだ年月数』で計算すると定められており、『解約までの年月数』とは定められていない（中略）。この『保険料を払い込んだ年月数』との定めは、保険料が納められた期間に基づき解約払戻金を算出することを定めていると解釈することができる。そして、『保険料を払い込んだ年月数』とは、年払契約の場合には年単位で、月払契約の場合には月単位で、解約払戻金を計算することを定めていると解釈することができる。そうすると、年払契約の場合に未経

過保険料を月割りで返還することを意味していないものと解釈することができる。（中略）

　乙契約の主契約においては、期中に、払込免除事由が発生したときでも、当期において既に払い込まれていた保険料の返還はされないこととなっており、翌期からの保険料を免除することとされている。（中略）

　加えて、保険料を前納していた場合で、後発的に保険契約が消滅したりしたときには、次期以後の保険料の前納分について払い戻すことが定められているが（中略）、この反対解釈として、当期分については払戻しをしない扱いであると解釈することができる。

　これらの定めからは、乙契約の主契約の約款が保険料払込み期間の単位（月払、半年払、年払）を重視し、次の単位期間については、払戻しを認めるが、当期については認めていないことを容易に推知することができるものと認められる。」

　本判決は、問題となった条項自体に明確な定めがない場合であっても、類似の場面について定める他の条項との統一的な解釈や、具体的な文言の比較による反対解釈の観点から、約款の個別の条項の文言解釈を行っています。一見、約款の文言があいまいにみえる場合であっても、他の条項と統一的に解釈すれば、当該条項の意義が明確なものであると認められる場合もありますので、約款の文言解釈にあたっては、他の条項との関係性についても、必ず確認するようにしてください。

(3)　法律の文言と整合的に解釈する

　約款に使用された用語が法律の文言と同じである場合は、法律と異なる意味に解釈することが明確である場合を除き、法律の文言の解釈

に従うべきであると考えられます。

　この点に関し、東京地判平成7・2・23（判時1559号86頁）は、自動車保険約款の免責条項において、「<u>法令により定められた運転資格を持たないで</u>、または酒に酔ってもしくは麻薬、大麻、あへん、覚せい剤、シンナーなどの影響により正常な運転ができないおそれがある状態で被保険自動車を運転しているときに生じた損害を填補しません。」とする車両保険の免責条項の解釈について、以下の通り判示しています。

〈東京地判平成7・2・23判時1559号86頁〉

［事案］

原告が起こした追突事故により原告の車両が損壊したことから、自ら加入している自動車保険の保険会社に対して車両保険金を請求したが、事故当時、原告は運転免許証の更新を失念し運転免許が失効していたため、これが約款の免責条項に該当するかが問題となった。

［結論］

免責条項に該当する。

［判決の内容］

「本件保険は、主として自動車事故の際における損害を填補するためのものであるところ、<u>自動車交通に関しては道交法等の法令によって規定されているから、自動車事故に関する本件約款も当然に右法令を前提として規定されているものと解される。</u>（中略）

　したがって、<u>本件免責条項にいう『法令により定められた運転資格』とは原則として道交法等の解釈と同一に解釈するのが相当である</u>。但し、かかる解釈をすることにより保険加入者の意思に反して保険契約者、被保険者、保険金を受取るべき者に著しい不

利益を与え、不合理な結果を招くような特段の事情が認められる場合には、例外的に本件免責条項を制限的に解釈するのが相当と解する。

　そこで、まず、道交法の規定をみるに、同法84条1項は、『自動車を運転しようとする者は、公安委員会の運転免許を受けなければならない。』と規定し、運転免許は、運転免許証を交付して行う（同法92条1項）から、免許申請者が免許証を受領して初めて運転免許の効力が生じることになる。運転免許証には、有効期間があり（同法92条の2）、有効期間の更新を受けようとする者は有効期間が満了する日の1か月前から有効期間が満了するまでの間（以下、「更新期間」という。）に必要な適性検査を受けるなどの手続を受けなければならず（同法101条）、運転免許証の更新を受けずに更新期間を経過した場合には受けていた自動車の運転免許はその効力を失う（同法105条）。

　したがって、有効期間経過後の自動車の運転は、無免許運転すなわち本件免責条項の被保険者が『法令により定められた運転資格を持たないで』被保険自動車を運転しているときに該当するものといえ、道交法の解釈に従えば、原告も本件免責条項に該当することになる。」

　本判決は、約款の文言だけでは必ずしも意義が明確とはいえない場合であっても、その条項の前提となる法律の規定や文言との整合的な解釈の観点から、免責条項の文言解釈を行っています。約款の条項は、関連する法律の規定を前提に定められている場合も多いため、約款において文言の定義が設けられていない場合でも、法律の規定と整合的に解釈することにより、当該文言の意義が明確になる場合もあります。

　また、別の裁判例においても、法律の文言との整合的な解釈の観点から、約款の文言解釈を行ったものがあります。最判平成18・6・1（民集60巻5号1887頁）は、自動車保険約款において、「当会社は、衝突、接触、墜落、転覆、物の飛来、物の落下、火災、爆発、盗難、台風、こう水、高潮その他偶然な事故によって保険証券記載の自動車（以下「被保険自動車」といいます。）に生じた損害に対して、この車両条項および一般条項に従い、被保険自動車の所有者（以下この章において、「被保険者」といいます。）に保険金を支払います。」とする車両条項の解釈について、以下の通り判示しています。

〈最判平成18・6・1民集60巻5号1887頁〉

［事案］

原告の車両が海中に水没した事案において、水没による事故の発生が原告の意思に基づかないことにつき原告に立証責任があるか、故意による事故であることにつき保険会社に立証責任があるかが問題となった。

［結論］

故意による事故であることについては、保険会社が立証責任を負う。

［判決の内容］

「商法629条が損害保険契約の保険事故を『偶然ナル一定ノ事故』と規定したのは、損害保険契約は保険契約成立時においては発生するかどうか不確定な事故によって損害が生じた場合にその損害をてん補することを約束するものであり、保険契約成立時において保険事故が発生すること又は発生しないことが確定している場合には、保険契約が成立しないということを明らかにしたものと解すべきである。（中略）

　本件条項は、『衝突、接触、墜落、転覆、物の飛来、物の落下、火災、爆発、盗難、台風、こう水、高潮その他偶然な事故』を保険事故として規定しているが、これは、保険契約成立時に発生するかどうか不確定な事故をすべて保険事故とすることを分かりやすく例示して明らかにしたもので、商法629条にいう『偶然ナル一定ノ事故』を本件保険契約に即して規定したものというべきである。本件条項にいう『偶然な事故』を、商法の上記規定にいう『偶然ナル』事故とは異なり、保険事故の発生時において事故が被保険者の意思に基づかないこと（保険事故の偶発性）をいうものと解することはできない。原審が判示するように火災保険契約と車両保険契約とで事故原因の立証の困難性が著しく異なるともいえない。

　したがって、車両の水没が保険事故に該当するとして本件条項に基づいて車両保険金の支払を請求する者は、事故の発生が被保険者の意思に基づかないものであることについて主張、立証すべき責任を負わないというべきである。」

　本件で、保険会社が、「偶然な事故」とは被保険者の意思に基づかない事故をいうと主張したのに対し、最高裁は、平成20年改正前商法629条における「偶然」と同じ意味であると解し、保険契約成立時に事故の発生・不発生が確定していないことを意味するにすぎないと判断しました。この最高裁の判断は、保険会社の実務に大きな影響を与えるものでしたが、約款において定義を設けることなく、法律の文言と同じ文言を使用していたことから、最高裁としては、同一の意味に解さざるをえないと判断したものと考えられます。

　このように、約款において、法律の文言と同一の文言が使用されている場合には、約款作成者の意図にかかわらず、法律の規定と同一の

意味に解釈される可能性が高いことから、あえて別の文言を使用するか、約款において定義を設けることが望ましいでしょう。

(4) 専門分野の用語の使用には注意する

約款の条項において、定義を設けることなく専門分野の用語を使用したとしても、それが平均的な顧客が理解しえない特殊の意味を有する場合は、その意味を相手方に対して主張することは難しいと考えられます。もっとも、他の条項と一体で解釈すれば、その用語の意味が十分推測できる場合もありますので、実際には、約款の文言解釈というよりも、当該条項のあてはめが問題になることが多いと思われます。

この点に関し、東京地判平成17・3・4（判タ1219号292頁）は、医療過誤による死亡事故について保険金が支払われるか否かが問題となったものです。生命保険会社の災害割増特約等においては、「不慮の事故」を直接の原因として死亡した場合に保険金を支払うとしたうえで、「不慮の事故」について、「急激かつ偶発的な外来の事故（中略）で、かつ、（中略）分類項目中下記のものとし、分類項目の内容については、『厚生省大臣官房統計情報部編、疾病、傷害および死因統計分類提要、昭和54年版』によるものとします。」と定義されています。本件では、上記「分類項目」の1つである「<u>外科的および内科的診療上の患者事故　ただし、疾病の診断・治療を目的としたものは除外します。</u>」の解釈について、以下の通り判示しています。

〈東京地判平成17・3・4判タ1219号292頁〉

［事案］

病院での治療中に被保険者が死亡したところ、保険金受取人である原告は病院側の医療過誤によるものと主張し、医療過誤は約款上の「不慮の事故」に該当するとして保険会社に対し保険金の請

求を行った。

［結論］

疾病の治療を目的とした医師の行為は除外規定に該当するため、保険金は支払われない。

［判決の内容］

「医師の診療行為は、患者に外科的措置を加える場合はもちろん、投薬等直接に患者の身体に侵襲を加えない場合においても、副作用等人の身体に対する何らかの侵襲を伴い、本来的に危険を内包するものである。そのため、医師が患者に対して侵襲を伴う医療行為、とりわけ外科的措置を加える場合、患者が医師の問いかけに応答できず、直ちに医療行為を実施しなければ患者が死亡するおそれがあるなどの特段の事情がない限り、患者の自己決定権を保障するため、患者に対して、その行うべき医療行為の内容、目的等を説明して患者の同意を得ることが必要であり、患者が同意できない場合にはその家族が代諾する場合も存する。（中略）

　本件除外規定は、『外科的および内科的診療上の患者事故　ただし、疾病の診断・治療を目的としたものは除外します。』と規定しているところ、その趣旨は、先に判示した医療行為の特質、危険要因に照らし、原則として、保険事故としての傷害を基礎に置く診療行為（疾病を除く傷害の診療行為）に関して発生した患者の事故については、保険事故の対象とし、疾病の診断・治療を目的とした医師の診療上の行為から発生した患者の事故については、保険事故の対象から除外することを定めたものというべきである。（中略）

　他方、疾病を除く傷害の診療行為に関して発生した患者の事故については、その診療の契機が保険事故であることから、これについては、最終的な結果が診療行為によって発生したとしても、

それは急激かつ偶発的な外来の事故である傷害（疾病を除く。）という保険事故に密接な関わりを有するものと評価でき、これを保険事故の対象とすることには合理性があると評価することができるからである。

こうした解釈を踏まえれば、疾病の診断・治療を目的とした医師の診療上の行為から発生した患者の事故については、その発生した結果が当該医療行為に伴う侵襲の危険性の顕在化した場合であるとはおよそ評価できないような医師若しくは診療機関の行為によるというような特段の事情のない限り、保険事故の対象から除外されるというべきである。

これを本件について見るに、（中略）カテーテルを右大腿そけい部の動脈に挿入したまま A を本件 CCU 病棟675号室に収容し、その経過観察を行うことは、疾病治療を目的とした医療行為にほかならず、その経過観察中に上記カテーテルに設置されていた三方活栓のコックが回転し、同時に三方活栓のキャップが外れていたため血液が流出したことは、それが経過観察のために残置された医療器具に起因する事故である以上、疾病治療を目的とした医療行為に伴う侵襲の危険性の顕在化した場合であると評価できる。

そうであれば、本件事故は、本件除外規定に該当し、本件事故が本件病院による医療過誤事故に当たるか否かを問わず、保険事故に該当するとはいえないというほかない。」

本判決は、厚生労働省が作成する統計分類提要と呼ばれる分類項目を用いて保険金支払事由を定めている生命保険約款について、医療行為が常に一定の危険性を伴うことを踏まえて、当該条項の趣旨を合理的に解釈し、疾病治療を目的とした医療行為に伴う事故である以上、

保険事故には該当しないと判断したものです。

　統計分類提要の記載は、医療分野の専門用語を用いた分類となっており、一般人にとっては理解が難しいため、保険契約における適用にあたっては、本来の専門用語の意味とは異なる解釈がされることも少なくありません。しかし、本件で問題となった条項は、必ずしも専門的な用語とはいいきれないため、裁判所は、当該用語の一般的な意味内容や、一般的な医療行為の特徴を踏まえて文言解釈を行ったものと考えられます。

　このように、専門用語を用いた約款について、必ずしも消費者にとって有利になるように解釈されるものではありませんが、一般人にとって理解が難しい場合には、約款作成者の意図とは異なる形での文言解釈がされる可能性がある点に注意が必要です。

⑸　作成者不利の原則は限定的なもの

　約款は約款準備者が一方的に作成したものであるため、約款の内容があいまいで、いかなる方法によっても解釈することができない場合には、このあいまいな規定を作成した約款準備者の不利に解釈すべきであるという考え方があり、一般に「作成者不利の原則」や「条項使用者不利の原則」などと呼ばれます。

　しかし、このような「原則」を一般的に定めた法律はなく、判例や学説においても必ずしも確立されたものとはいえません。また、民法改正の議論においても、①約款や消費者契約における契約条項の使用者といえども、将来におけるあらゆる事象を想定して契約条項を作成することや、完全に明確な契約条項を作成することは不可能であるから、当事者にとって予測不可能なこのようなリスクが顕在化した場合に、安易に作成者不利の原則が適用され、そのリスクが契約条項の使用者に一方的に負担させられるのは、リスク分配の在り方として適当でないこと、②契約ごとの事情を踏まえて柔軟にされるべき契約解釈

が、作成者不利の原則の下で硬直的に運用されるおそれがあることなどの理由で、民法において規定することは見送られました。

このように、作成者不利の原則を約款の文言解釈における一般的な解釈原則と解するのは相当でないと考えられます。

もっとも、実際の訴訟の場面では、約款の特定の条項の解釈が問題となる事案において作成者不利の原則が主張されることもあり、裁判例の中でもこのような考え方に言及しているものがみられます。

最判平成13・4・20（民集55巻3号682頁）は、生命保険会社の災害割増特約において、「偶発的な外来の事故」を災害死亡保険金の支払事由として定めつつ、「被保険者の故意」を免責事由としていることから、故意の立証責任の所在が問題となったものです。最高裁は、保険金請求者側が故意によらない事故であることの立証責任を負うと判断しましたが、その補足意見において、以下の通り作成者不利の原則に関する言及がみられます。

〈最判平成13・4・20民集55巻3号682頁〉

［事案］

被保険者が5階建ての建物の屋上から転落して死亡した事案において、自殺によるものであることの立証責任が保険会社側にあるか、偶発的な事故であることの立証責任が保険金請求者側にあるかが問題となった。

［結論］

偶発的な事故であることについては、保険金請求者が立証責任を負う。

［判決の内容］

「本件約款に基づき、保険者に対して災害割増特約における災害死亡保険金の支払を請求する者は、発生した事故が偶発的な事故

であることについて主張、立証すべき責任を負うものと解するの
が相当である。けだし、本件約款中の災害割増特約に基づく災害
死亡保険金の支払事由は、不慮の事故とされているのであるか
ら、発生した事故が偶発的な事故であることが保険金請求権の成
立要件であるというべきであるのみならず、そのように解さなけ
れば、保険金の不正請求が容易となるおそれが増大する結果、保
険制度の健全性を阻害し、ひいては誠実な保険加入者の利益を損
なうおそれがあるからである。本件約款のうち、被保険者の故意
により災害死亡保険金の支払事由に該当したときは災害死亡保険
金を支払わない旨の定めは、災害死亡保険金が支払われない場合
を確認的注意的に規定したものにとどまり、被保険者の故意によ
り災害死亡保険金の支払事由に該当したことの主張立証責任を保
険者に負わせたものではないと解すべきである。

（中略）

裁判官亀山継夫の補足意見は、次のとおりである。

　私は、法廷意見に賛成するものであるが、次のことを付言して
おきたい。

　本件約款の合理的解釈としては、法廷意見のいうとおり、保険
金請求者の側において偶発的な事故であることの主張立証責任を
負うべきものと解するのが相当である。しかしながら、本件約款
が、保険契約と保険事故一般に関する知識と経験において圧倒的
に優位に立つ保険者側において一方的に作成された上、保険契約
者側に提供される性質のものであることを考えると、約款の解釈
に疑義がある場合には、作成者の責任を重視して解釈する方が当
事者間の衡平に資するとの考えもあり得よう。そして、かねてか
ら本件のように被保険者の死亡が自殺によるものか否かが不明な
場合の主張立証責任の所在について判例学説上解釈が分かれ、そ

のため紛争を生じていることは、保険者側は十分認識していたは
ずであり、保険者側において、疑義のないような条項を作成し、
保険契約者側に提供することは決して困難なこととは考えられな
いのであるから、一般人の誤解を招きやすい約款規定をそのまま
放置してきた点は問題であるというべきである。もちろん、この
ような約款がこれまで使用されてきた背景には、解釈上の疑義が
明確に解消されないため、かえって改正が困難であったという事
情があるのかもしれないが、本判決によって疑義が解消された後
もなおこのような状況が改善されないとすれば、法廷意見の法理
を適用することが信義則ないし当事者間の衡平の理念に照らして
適切を欠くと判断すべき場合も出てくると考えるものである。」

　このように、補足意見も作成者不利の原則を正面から認めたもので
はありませんが、疑義のある約款を作成し、かつ、それを放置してき
た企業の責任に言及している点については留意が必要です。
　作成者の不利に解釈をするという考え方は、約款の文言が極めてあ
いまいであるため、およそ合理的な解釈が困難であるような場合に、
あくまで判断要素の１つとして限定的に考慮されるものにすぎないと
考えられます。
　また、前記⑵で取り上げた裁判例の中にも、作成者不利の原則に言
及しているものがみられます。

〈名古屋高金沢支判平成25・6・12D1-Law28253533〉
［判決の内容］
「被控訴人の主張に対する判断
　被控訴人は、約款の解釈は、合理的あるいは平均的な顧客の理
解可能性を基準として客観的にされるべきである旨主張する。確

かに、保険契約における約款は消費者である契約者が誤解しない
ように、分かりやすく記述されるべきであり、二義的に理解され
るような場合には約款作成者不利の原則が働くことがあるが（最
高裁平成13年4月20日第二小法廷判決・民集55巻3号682頁にお
ける亀山継夫裁判官の補足意見参照）、本件各約款中には、中途
解約の場合に、解約返戻金以外に未経過保険料が返還されること
を明示又は示唆する文言はなく、本件各約款全体を読めば、同約
款が保険料払込み期間の単位（月払、半年払、年払）を重視し、
次の単位期間については、払戻しを認めるが、当期については認
めていないことを容易に推知することができるし、さらに、その
ような解釈が正当であることは、保険法施行以前である当時の学
説の状況や生命保険会社の実務を踏まえて約款を理解しようとす
れば、より明確に理解することができたものである。被控訴人が
本件で主張する約款の解釈は、本件各約款の文言を重視せず、当
時の学説の状況や生命保険会社の実務を踏まえずに、保険法が施
行された現時点から振り返って本件各約款を解釈しようとするも
のであり、到底採用することができない。」

　このように、実際の訴訟において、作成者不利の原則のみを理由
に、約款の作成者にとって不利に約款の解釈を行うことは考えにくい
ところです。しかし、裁判所が約款の解釈を行うにあたって、事実上
の考慮要素の1つになることも想定されますので、企業としては、約
款においてあいまいな文言の使用を避けるとともに、顧客からのク
レーム等を通じて、二義的に解釈される可能性がある条項や、相互に
矛盾しているように読める条項の存在を認識した場合は、将来のトラ
ブルを回避する観点から、早期に約款の内容を修正するよう検討すべ
きであると思われます。

著者紹介

嶋寺　基（しまでら　もとい）
弁護士（弁護士法人大江橋法律事務所パートナー）・ニューヨーク州弁護士
1998年京都大学法学部卒業、2000年司法修習修了（52期）、2005年カリフォルニア大学バークレー校ロースクール修了（LL.M.）、2005年〜2006年 Pillsbury Winthrop Shaw Pittman LLP ロサンゼルスオフィス勤務、2006年〜2008年法務省民事局参事官室勤務（保険法の立法を担当）
【主な著書・論文等】
　『新しい民法と保険実務』（共著、保険毎日新聞社、2019）、「他保険契約との重複による重大事由解除」勝野義孝先生古稀記念論文集『共済と保険の現在と未来』（文眞堂、2019）、「保険法の下での告知義務に関する解釈上の問題──質問応答義務への変更等に伴う商法からの解釈の変容」保険学雑誌643号（2018）、『自動運転と法』（共著、有斐閣、2018）、『D&O 保険の実務』（共著、商事法務、2017）、「新保険法の下における保険者の解除権──重大事由による解除の適用場面を中心に」石川正先生古稀記念論文集『経済社会と法の役割』〔商事法務、2013〕）、『最新保険事情』（金融財政事情研究会、2011）、『新しい損害保険の実務──保険法に対応した損害調査実務の解説』（商事法務、2010）、『保険法解説──生命保険・傷害疾病定額保険』（共著、有斐閣、2010）、『一問一答保険法』（共著、商事法務、2009）

細川　慈子（ほそかわ　あいこ）
弁護士（弁護士法人大江橋法律事務所アソシエイト）
2008年東京大学法学部卒業、2010年東京大学法科大学院修了、2011年司法修習修了（64期）、2017年カリフォルニア大学バークレー校ロースクール修了（LL.M.）、2017年〜2018年 Gleiss Lutz シュトゥットガルトオフィス勤務
【主な著書・論文等】
「The "Sharing Economy" in Japan」Zeitschrift für Japanisches Recht Vol.23 No.46（2018）、「The New DIS Arbitration Rules 2018: Germany's Offer of an Attractive Arbitration Alternative for Asian Parties」IPBA Journal No.91（共著、2018）、「ドイツ仲裁協会（DIS）の2018年仲裁規則改正について──ドイツの仲裁地としての利便性」JCAジャーナル65巻6号（共著、2018）、『ケーススタディで学ぶ債権法改正』（共著、商事法務、2018）、「国際仲裁入門──比較法的視点から（上）（下）」JCA ジャーナル65巻1号・2号（共著、2018）

小林　直弥（こばやし　なおや）
弁護士（弁護士法人大江橋法律事務所アソシエイト）
2013年京都大学法学部卒業、2015年京都大学法科大学院修了、2016年司法修習修了（69期）
【主な著書・論文等】
「無償の付帯サービスと定型約款の変更ルールとの関係性──ポイントサービスなどをめぐる問題」Business Law Journal No.142（共著、2020）

約款の基本と実践

2020年1月30日　初版第1刷発行

著　　者　嶋　寺　　　基　細　川　慈　子
　　　　　小　林　直　弥

発 行 者　小　宮　慶　太

発 行 所　株式会社　商 事 法 務
　　　　　〒103-0025 東京都中央区日本橋茅場町 3-9-10
　　　　　TEL 03-5614-5643・FAX 03-3664-8844〔営業部〕
　　　　　TEL 03-5614-5649〔書籍出版部〕
　　　　　https://www.shojihomu.co.jp/

落丁・乱丁本はお取り替えいたします。　　　印刷/㈲シンカイシャ
©2020　Motoi Shimadera, Aiko Hosokawa,　　Printed in Japan
　　　　Naoya Kobayashi
　　　　　　　　　　　　Shojihomu Co., Ltd.
　　　　　ISBN978-4-7857-2766-6
　　　　　＊定価はカバーに表示してあります。